essentials

Essentials liefern aktuelles Wissen in konzentrierter Form. Die Essenz dessen, worauf es als „State-of-the-Art" in der gegenwärtigen Fachdiskussion oder in der Praxis ankommt, komplett mit Zusammenfassung und aktuellen Literaturhinweisen. Essentials informieren schnell, unkompliziert und verständlich

- als Einführung in ein aktuelles Thema aus Ihrem Fachgebiet
- als Einstieg in ein für Sie noch unbekanntes Themenfeld
- als Einblick, um zum Thema mitreden zu können.

Die Bücher in elektronischer und gedruckter Form bringen das Expertenwissen von Springer-Fachautoren kompakt zur Darstellung. Sie sind besonders für die Nutzung als eBook auf Tablet-PCs, eBook-Readern und Smartphones geeignet.

Essentials: Wissensbausteine aus Wirtschaft und Gesellschaft, Medizin, Psychologie und Gesundheitsberufen, Technik und Naturwissenschaften. Von renommierten Autoren der Verlagsmarken Springer Gabler, Springer VS, Springer Medizin, Springer Spektrum, Springer Vieweg und Springer Psychologie.

Roland Walther · Hans Joachim Hoppe

Wie Managed-Service-Projekte gelingen

Eine Einführung

Unter Mitarbeit von Michael Köhlmann/Wolfgang von Bohlen/Hans Augustin/Klaus Peukert

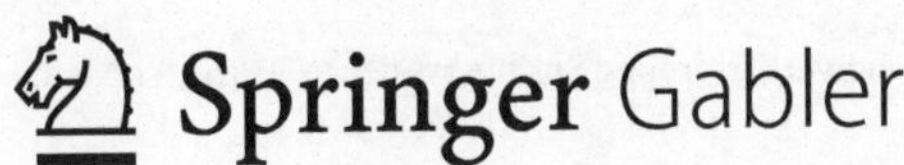

Roland Walther
COMPAREX AG
Leipzig
Deutschland

Hans Joachim Hoppe
COMPAREX AG
Leipzig
Deutschland

ISSN 2197-6708
essentials
ISBN 978-3-658-12351-2
DOI 10.1007/978-3-658-12352-9

ISSN 2197-6716 (electronic)

ISBN 978-3-658-12352-9 (eBook)

Die Deutsche Nationalbibliothek verzeichnet diese Publikation in der Deutschen Nationalbibliografie; detaillierte bibliografische Daten sind im Internet über http://dnb.d-nb.de abrufbar.

Springer Gabler

Grafiken: Angie Klapproth

Gedruckt auf säurefreiem und chlorfrei gebleichtem Papier

Springer Fachmedien Wiesbaden ist Teil der Fachverlagsgruppe Springer Science+Business Media
(www.springer.com)

Was Sie in diesem *essential* finden können

- Eine kompakte und verständliche Übersicht
- Kritische Erfolgsfaktoren
- Praxisfälle und Praxistipps
- Den schwierigen ersten Schritt
- Die Chance, teure Fehlentscheidungen zu vermeiden

Spannungsfeld Managed Services – Versuch einer Einführung

Never touch a running system.
Geflügelter Spruch

Die Aufgabe von IT ist klar, es gibt viele Definitionen, doch alle laufen auf das gemeinsame Ziel hinaus, die Produktivität und Effizienz eines Unternehmens durch unterbrechungsfreien IT-Betrieb und höhere Produktivität des IT-Personals zu stärken. Gehen die IT-Projekte erst einmal in den Betrieb über, ist das eigene Personal heute oftmals zu kostenintensiv, daher ist es nur folgerichtig, nach anderen Lösungen zu suchen.

So hat sich seit geraumer Zeit ein Trend zum Outsourcing entwickelt, weil man dachte, wenn schon, dann keine halben Sachen und gleich die gesamte IT nach draußen. Auch die dabei angestrebten Einsparpotenziale klangen in der Presse gewaltig und die Milliardenverträge zwangen die IT- Dienstleister sogar zu Adhoc-Mitteilungen. Zum Glück gibt es keine Adhoc-Mitteilungen, wenn es dann nicht so gut läuft. Denn nach den ersten Erfahrungen im Outsourcing, insbesondere im Ausland, setzte eine Gegenbewegung ein – das Insourcing. Also wurden zumindest Teile der IT wieder zurück ins Unternehmen geholt.

Wenn Sie, werter Leser, schon etwas länger mit IT zu tun haben, werden auch Sie die Erfahrung gemacht haben, dass es schon mehrfach den Ruf erst nach Outsourcing und später wieder nach Insourcing gegeben hat. Dabei wurde die Entscheidung zum Outsourcing meist gar nicht von der IT, sondern vom Management getroffen, das der Meinung war, die IT gehöre nicht zum Kerngeschäft. Das war für einige Unternehmen in doppelter Hinsicht fatal. Zum einen war die IT in einem solchen Falle nur schwer zu motivieren, was zu vielen Halbherzigkeiten bzw. Inkonsequenz beim Outsourcing führte. Zum anderen, und das hat sich in den letzten Jahren immer stärker herauskristallisiert, gehört die IT heute in fast jedem Unternehmen zum Kerngeschäft.

In diesem Spannungsfeld gibt es keine einheitliche Lösung für alle. Jeder Weg hat seine Berechtigung und kann funktionieren. Doch wer lässt sich schon gern „in die Karten schauen", wenn gerade 5 oder gar 50 Mio. € im Outsourcing „versenkt" wurden, ohne jemals einen Return on Invest (ROI) davon zu sehen. Es muss nicht erst die schmerzliche Erfahrung sein, heute kann man durchaus von denjenigen profitieren, die einen der Wege bereits erfolgreich gegangen sind und anschließend die individuellen Ableitungen herausarbeiten.

Im Spannungsfeld zwischen Outsourcing und Insourcing haben sich Managed Services als eine vergleichsweise „entspannte" Möglichkeit etabliert, mit Qualität in der IT die Business Productivity zu erhöhen und dabei die IT-Kosten relativ zu senken. Relativ deshalb, weil IT eben geschäftskritisch geworden ist und der Spruch „Never touch a running system!" nicht mehr gilt. Aus Wettbewerbssicht ist es sogar höchst riskant, die IT stiefmütterlich zu behandeln.

Vor diesem Hintergrund hat sich in den letzten Jahren auch die IT im Unternehmen gewandelt. Lagen früher Planung und Architektur der IT eines Unternehmens in den Händen von externen Spezialisten und die eigene IT kümmerte sich in erster Linie um den Betrieb, so hat sich dieses Verhältnis heute in den meisten Unternehmen umgekehrt. Dabei traten und treten noch immer zwei Probleme auf. Zum einen der Rollenwechsel vom Administrator zum Planer/Architekten und das dazu oft fehlende Know-how. Zum anderen die Erkenntnis, dass für den IT-Betrieb Prozesse benötigt werden, wofür ebenso oftmals das entsprechende Know-how fehlt.

In der Vergangenheit wurde die IT weitgehend ohne dokumentierte Prozesse betrieben. Der Wunsch nunmehr, dem IT-Betrieb eine Struktur zu geben und die Hoheit über die IT zu behalten, unabhängig davon, ob der Betrieb intern erfolgt oder in Form von Managed Services nach extern vergeben wird, stärkt die Motivation für eine prozessgetriebene Arbeitsweise.

▶   **Ohne Prozesse kein Managed Service!**

Demzufolge mussten sich auch die IT-Dienstleister umstellen, um den neuen Anforderungen zu begegnen, die sich aus den Chancen von Managed Services ergeben. Als gemeinsame „Sprache" hat sich hier ITIL etabliert. Doch bekanntlich, dort wo Chancen sind, verbergen sich auch Risiken. Während IT-Dienstleister im Rahmen von Service-Verträgen zu eher „lockeren" Bedingungen für ein Unternehmen arbeiten, stellen Managed Services hohe Anforderungen durch Service Level Agreements (SLA), die mit Sanktionen gekoppelt sind. Da wird sich in der Beziehung Auftraggeber – Auftragnehmer nichts geschenkt. Deshalb werden wir später auch die Risiken kurz beleuchten. Doch bereits an dieser Stelle sei darauf verwiesen, dass Managed Services nur funktionieren, wenn Unternehmen und Dienstleister auf Augenhöhe miteinander agieren, also eine echte Partnerschaft leben.

►   Ohne Partnerschaft kein Managed Service!

Wenn der Spruch „Never touch a running system" noch zutrifft, dann vor allem mit Blick auf die Wahl des Dienstleisters. Hat es ein Dienstleister erst einmal geschafft, mit dem Auftraggeber Organisation und Prozesse im Rahmen von Managed Services so aufzustellen, dass der Betrieb ohne Eskalationen läuft, sollte der Auftraggeber sich diesen „warm halten".

Die Palette der möglichen Fehler bei der Einführung eines Managed Service ist mittlerweile riesig und umfasst alle Phasen eines Managed-Service-Projektes – von der Idee, über die Vorbereitung, die Vertragsgestaltung, die Transition, die Kommunikation und letztlich den eigentlichen Betrieb. Und die Ideen für neue Fehler scheinen nicht auszugehen. Im Nachgang heißt es dann oftmals: Das konnte natürlich keiner ahnen!

Damit sind zugleich Aufgabe und Agenda des vorliegenden Buches umrissen, wohl wissend, dass diese Themen zu komplex sind, als dass sie hier abschließend behandelt werden können. Wir wollen Ihnen in kompakter Form die kritischen Erfolgsfaktoren von Managed Services aufzeigen und durch langjährige Erfahrung wertvolle Hinweise an die Hand geben – aus der Praxis für die Praxis.

Die Autoren

we manage complexity.[©]

Leipzig/Wiesbaden, Januar 2016

Inhaltsverzeichnis

Starre Konzepte versus Flexibilität

*Ich kann freilich nicht sagen, ob es besser werden wird,
wenn es anders wird; aber so viel kann ich sagen: es muss
anders werden, wenn es gut werden soll.*
Georg Christoph Lichtenberg

Auf der Suche nach dem Service-Optimum

Aus der Fülle der Service-Konzepte wollen wir hier zwei aktuelle Ansätze betrachten, den Managed Service und die Betriebsunterstützung.

Warum nicht die Grundfrage: Outsourcing oder Insourcing? Die Autoren sind jeder für sich seit mehr als 20 Jahren in der IT tätig und konnten die Erfahrung mehrerer „Wellen" machen, mal in Richtung Outsourcing wegen der Kosten, dann wieder in Richtung Insourcing wegen der Qualität und mittlerweile ist hier kein einheitlicher Trend mehr auszumachen. Das heißt nichts anderes, als dass jedes Unternehmen für sich das geeignete Service-Konzept prüfen muss. Die Autoren wollen aus ihrer Sicht und ihrer Erfahrung einen praxisorientierten Beitrag für interessierte IT-Betreiber leisten, die vor der Herausforderung stehen, einen unterbrechungsfreien IT-Betrieb zu gewährleisten, dabei die Support-Kosten zu optimieren und dafür eine Entscheidung zur zukünftigen Support-Strategie treffen müssen.

© Springer Fachmedien Wiesbaden 2016

1

R. Walther, H. J. Hoppe, *Wie Managed-Service-Projekte gelingen*, essentials,
DOI 10.1007/978-3-658-12352-9_1

In der Welt des Outsourcing und Insourcing ist ein weiteres Feld entstanden, das der Managed Services. Der Managed Service ist eine Form des IT-Betriebs, bei der ein Unternehmen eine „Scheibe" aus seiner IT „herausschneidet" und diese in die Verantwortung eines Dienstleisters übergibt. Der Auftraggeber bleibt zwar Service Owner, also behält die Hoheit über seine IT, aber der Dienstleister hat für diese „Scheibe" den Vollzugriff auf die Systeme und ist eigenverantwortlich für die Erbringung der Services.

Getrieben durch die Fachabteilungen des Unternehmens mit ständig wechselnden Geschäftsanforderungen, hat sich das Gewicht zwischen IT und Fachabteilung komplett umgekehrt. Früher kam keiner an der internen IT vorbei. Heute, in Zeiten von „IT aus der Steckdose" suchen immer mehr Anwender ihr Heil in der „Wolke". Das IT-Budget liegt bei den Fachabteilungen und im Kampf um die Rolle des Service Providers findet sich die interne IT nicht selten im Wettbewerb mit externen Cloud-Anbietern wieder.

Auch die historisch gewachsene Infrastruktur ist für IT-Leiter ein Grund, einen kompletten Strategiewechsel in Betracht zu ziehen. Sie sehen in der Cloud die Möglichkeit, die IT mit einem Schlag wieder auf Vordermann zu bringen. Doch schon an dieser Stelle sei gewarnt, wer bis dato nicht die nötigen Prozesse implementiert hat, wird auch in der Cloud sein „blaues Wunder" erleben.

Auf der Suche nach Flexibilität, Skalierbarkeit und Kostentransparenz muss sich die interne IT wandeln und zum „Service Broker" werden (siehe auch Kap. 5). Dazu muss sich die IT stärker als bisher dem Anwender zuwenden.

Ein logischer Schritt ist der Fokus auf Managed Services. Immer mehr Unternehmen streben diese Form des Service an. Was früher das Kerngeschäft der internen IT war, soll heute so standardisiert sein, dass dieses von einem externen Dienstleister kostengünstig betrieben werden kann. Der Preisdruck in diesem Segment wiederum zwingt den Dienstleister zur Innovation, denn nur so kann der IT-Betrieb für beide Parteien gewinnbringend erfolgen.

Damit ist jedoch in den Unternehmen auch ein Rollenwechsel der IT verbunden, vom Administrator zum Planer. Die interne IT soll sich nun vielmehr um die Planung und Projektierung kümmern, analog dem Service-Modell PLAN – BUILD – RUN. Prozesswissen ist dabei zum K.o.-Kriterium geworden. Wo dieser Schritt bereits vollzogen wurde, sind die internen IT-Spezialisten für den Betrieb der IT (RUN) dann auch zu teuer.

Mit dem Rollenwechsel hat sich auch der Skill Set eines Administrators stark verändert. Zum Beispiel reichten dem Administrator noch vor wenigen Jahren Kenntnisse über Betriebssystem und Hardware. Heute dagegen benötigt er darüber hinaus Know-how in den Bereichen Netzwerk und Storage. Die Planung der Infrastruktur geht vom zu erbringenden Service aus und nicht länger vom Netzwerk. Das Netzwerk ist zum Dienstleister geworden, dennoch sollten die „Netzwerker" ein Vetorecht haben, damit aus den vielfältigen Möglichkeiten, die das Netzwerk heute bereitstellen kann, kein „Zoo" entsteht. Denn die mangelnde Standardisierung, das werden wir später noch sehen, ist ein weiteres K.o.-Kriterium für Managed Services.

Nicht alle Unternehmen verfügen über eine so große IT-Mannschaft, dass z. B. auf Basis des oben genannten Service-Modells gearbeitet werden kann. Gerade kleine und mittelständische Unternehmen verfügen oftmals nicht über das Budget für Managed Services oder sind aufgrund ihrer Struktur und der fehlenden Prozesse gar nicht in der Lage, einen Managed Service einzuführen. Für diese Unternehmen rechnet sich ein Service-Vertrag.

Beim Service-Vertrag erbringt der Dienstleister punktuelle Betriebsunterstützung und die Verantwortung verbleibt vollständig beim Auftraggeber.

Das sind zwei völlig unterschiedliche Ansätze, sowohl aus kaufmännischer und organisatorischer, als auch juristischer Sicht (siehe Tabelle Abgrenzung von Outsourcing, Managed Services und Betriebsunterstützung).

Outsourcing	Komplettverantwortung für IT, inklusive Assets gehen an einen externen Dienstleister über
Managed Services	Auftraggeber bleibt Service Owner (PLAN – BUILD); IT-Betrieb (RUN) geht an einen externen Dienstleister
Betriebsunterstützung	Auftraggeber bleibt Service Owner; Auftraggeber ist für den Betrieb verantwortlich; Externer Dienstleister unterstützt punktuell

Daher lohnt es sich, die Konzepte nicht nur näher zu betrachten, sondern auch mit den sich ändernden Bedingungen des „Support-Marktes" weiterzuentwickeln.

Verschmelzung von Service-Konzepten?

In der Vergangenheit wurden Managed Services in der Regel beim Auftraggeber vor Ort erbracht. Der Dienstleister erhielt eine klar definierte Scheibe der IT-Infrastruktur und hatte diese komplett in Eigenverantwortung zu betreuen. Die Mitarbeiter des Dienstleisters saßen dann entweder direkt mit den Kollegen des Auftraggebers in den gleichen Räumen oder in eigens für den Dienstleister eingerichteten Räumen.

Heute ist für Managed Services der Remote-Ansatz die Regel. Es ist technisch gesehen nichts anderes. Selbst wenn der Support Engineer beim Auftraggeber vor Ort die Leistung erbringt, „schraubt" er ja nicht direkt am Server herum, sondern schaltet sich – quasi remote – auf den Server auf. Die Administrationsmöglichkeiten haben sich in den letzten Jahren deutlich weiterentwickelt und bieten bessere, schnellere und vor allem sichere Möglichkeiten der Remote-Administration. Daher muss der Administrator heute nur noch in wenigen (meist sicherheitsrelevanten) Fällen beim Auftraggeber vor Ort sein.

Während die einen auf Auftraggeberseite bedauern, dass sie den Dienstleister nicht mehr im Direktzugriff haben, ist die Compliance-Abteilung froh, nun endlich keine Fremden mehr im eigenen Hause zu haben. Und während die einen denken, dass sie dadurch den Kontakt zum Dienstleister oder umgekehrt zum Auftraggeber verlieren, denken die anderen bereits über neue Service-Konzepte nach.

Die Herausforderung für alle Seiten ist die Service-Steuerung. Ist der Administrator plötzlich nicht mehr „greifbar", muss die Service-Steuerung „greifen". Das funktioniert nur, wenn Service und Prozesse vollständig und lückenlos definiert und an den gelebten Rahmenbedingungen orientiert sind. Jede noch so kleine Lücke erzeugt „Kreativität", wie der Prozess umgangen werden kann. Die Folge sind Aufweichung der Verantwortlichkeiten und Verschiebung der Service-Abgrenzungen, kurz: Probleme.

Womit wir wieder bei den Prozessen wären. Ohne Prozesse wird auch der beste Remote-Ansatz scheitern. Das Ziel muss eine für beide Seiten vorteilhafte Situation sein. Doch damit tatsächlich Chancen entstehen, müssen sich IT-Abteilungen und Dienstleister wandeln bzw. anders aufstellen. Das beginnt bei einer klaren Trennung der Arbeitsplätze zwischen Unternehmen und Dienstleister, egal, ob der Dienstleister im Hause sitzt oder außerhalb.

Der Wandel in der Service-Landschaft hatte auch Auswirkungen auf die Service-Verträge. In der Vergangenheit wurde der Service in der Regel vom Dienstleister „um die Ecke" erbracht, meist einem relativ kleinen Systemhaus, das durch kurze Wege schnell beim Kunden vor Ort sein konnte und dadurch einen unschlagbaren Vorteil hatte. Mit den heutigen technischen Möglichkeiten hat der Vorteil „Schnelligkeit" eine andere Dimension bekommen. Allein schon aufgrund der rasant zunehmenden Komplexität von IT kann das kleine Systemhaus „um die Ecke" nicht mehr alle geforderten Kompetenzen vorhalten und schon gar nicht redundant, so dass im Incident-Fall „mal eben schnell jemand rüber zum Kunden flitzen" kann.

Dienstleister und Unternehmen mit qualifizierten Mitarbeitern, einer gut ausgebauten Infrastruktur und sicheren Remote-Support-Möglichkeiten gewinnen heute immer mehr an Bedeutung. Sie sind nicht nur schneller, sondern können über Shared-Service-Konzepte in diesem preislich hart umkämpften Markt auch noch profitabel arbeiten.

Schlussendlich lassen auch die gesetzlichen Bestimmungen diese Form von Support zu. Das Thema Auftragsdatenverarbeitung regelt die Zusammenarbeit von Auftraggeber und Dienstleister zuverlässig.

Technisch gesehen unterscheiden sich Managed Services und Betriebsunterstützung heute nicht mehr. Der Unterschied liegt einzig und allein in der Vertragsform. Die Vertragsform ergibt sich wiederum aus den beim Auftraggeber anzutreffenden Strukturen und Prozessen.

Flexibilität

Im täglichen Geschäft begegnen wir immer mehr Unternehmen, die Managed Services für sich entdecken. Die Gründe sind vielfältig, mal kündigt ein langjähriger Administrator und man bräuchte gefühlt etwa drei Mitarbeiter, um diesen zu ersetzen. Dann wieder wächst ein Unternehmen so schnell, dass die eigene IT nicht nachkommt oder nicht mehr ausreicht. Große Unternehmen haben das Thema schon längst für sich entdeckt, um kostengünstig und flexibel die wechselnden, doch immer steigenden Bedarfe abzufangen.

Mittelständische Unternehmen glauben oftmals, dass dann ein Vergleich von Angeboten mehrerer Dienstleister ausreicht, um eine Entscheidung treffen zu können. Was dem ersten fatalen Fehler auf dem Weg zum Managed Service gleichkommt. Denn das Thema dahinter lautet ITSM – IT Service Management. Und das geht nicht ohne professionelle Beratung im Vorfeld. Wer an dieser Stelle abwinkt, weil er sich schon wieder von „Beratern" bedroht fühlt, dem sei gesagt, dass im ersten Schritt kein 100-Personentage-Konzept notwendig ist. Um hier im Vorfeld eine professionelle Beratung zu erhalten, benötigt man zwar gestandene ITSM-Berater, doch bereits in einem ein- oder zweitägigen Service-Strukturierungsworkshop (siehe Kap. 2) lässt sich feststellen, ob Strukturen und Prozesse des Unternehmens für einen Managed Service geeignet sind.

Und was, wenn am Ende des Workshops herauskommt, dass Strukturen und Prozesse nicht geeignet sind, um einen Managed Service einzuführen? Ein professioneller Dienstleister wird heute mindestens drei Formen von Support anbieten, den reinen Remote-Support durch ein Service Delivery Center, eine Mischung aus Remote-Support und Vor-Ort-Support (beides sind Formen der Betriebsunterstützung) und den Managed Service (als IT-Betrieb). Wenn ein Unternehmen demzufolge noch nicht „Managed-Service-ready" ist, kann dieses über Formen der Betriebsunterstützung sukzessive „ready" gemacht werden. Und nach einem definierten Zeitraum kann die Betriebsunterstützung dann sogar nahtlos in einen Managed Service überführt werden. Alternativ könnte auch ein komplettes Outsourcing angeboten werden, das hier jedoch nicht näher betrachtet werden soll.

Die Einführung eines Managed Service in mittelständischen Unternehmen scheitert meistens daran, dass diese keine Prozesse und/oder Service-Definition besitzen, also eine Beschreibung, wo der Service anfängt und wo dieser aufhört. Damit ist zugleich das Hauptproblem benannt, die Schnittstellendefinition, bzw. wie die Services abgegrenzt werden. Das wiederum hängt eng mit der Frage zusammen, ob überhaupt eine Service-Untergliederung möglich ist. Vor allem dann, wenn der Administrator derzeit alles macht. Hier sind technische Maßnahmen nötig, bevor überhaupt über einen Managed Service nachgedacht werden kann.

Managed Service heißt auch SLA-basierter Betrieb. Eine Voraussetzung für SLA sind KPI (Key Performance Indicators), also Messpunkte, die in das Service-Reporting einfließen und damit die Grundlage für eine vertragskonforme Service-Erbringung darstellen.

Das klingt alles ziemlich gewaltig, was die Frage aufwirft, wie granular die Services sein müssen oder sein sollten. Die typische Untergliederung in Anwender-Support, Client Management, Infrastruktur-Betrieb und Applikationsbetrieb ist je nach Unternehmensgröße, insbesondere im Mittelstand, so nicht immer umzusetzen, weil dafür gar nicht die Ressourcen zur Verfügung stehen.

Wir werden im Kap. 2 noch einmal darauf zurückkommen, denn die Suche nach dem Optimum der Services und den damit verbundenen Kosten ist nicht nur ein schwieriges Unterfangen, sondern kann sich als Falle erweisen.

Ein guter Dienstleister wird in der Lage sein, dem Kunden einen flexiblen Set von Services anbieten zu können, gleichsam einem Baukasten. Dieser orientiert sich an den Bedürfnissen und dem Budget des Kunden und reicht von einem Basisbetrieb, über angrenzende Leistungen bis hin zum kompletten Betrieb einer „Scheibe" der IT. IT-Betrieb heißt dann, sich eigenverantwortlich um die IT-Scheibe zu kümmern, also nicht nur bspw. die Server am Laufen halten, sondern auch das Patch Management vorzunehmen und die Server Security zu gewährleisten. Der Baukasten muss also auch bestimmte Kausalketten von Services berücksichtigen: Services, die ineinander greifen und sich bedingen und ohne die eine Verantwortungsübernahme durch den Dienstleister nicht möglich ist. Nur ein ganzheitliches Paket aus Leistungen macht im Managed Service Sinn, weil sonst verschiedene Verantwortlichkeiten ineinander greifen und einen SLA-basierten Betrieb extrem erschweren würden.

Hier wird sich der Leser nun fragen, für welche Themen sich Managed Services eignen. Darüber lässt sich trefflich streiten.

▶ Managed Services sind für Standards geeignet, also vor allem Infrastruktur-Themen und alles, was nicht im direkten Kontakt mit dem Anwender passiert.

Diese These beinhaltet im Kern zwei Aussagen. Zum Einen sollte eine historisch gewachsene Umgebung zunächst soweit standardisiert werden, dass sie in einem Managed Service betrieben werden kann. Zum Anderen sollten unserer Auffassung nach unternehmensspezifische Plattformen und alle Services am Anwender im Unternehmen bleiben. Ein Beispiel dafür ist die externe Vergabe des First Level Supports. Der First Level Support ist das Aushängeschild der IT und arbeitet direkt mit dem Anwender zusammen. Wenn hier ein Dienstleister eingekauft wird, der dann „Studenten" für den Anwendersupport einsetzt, mag das kostengünstig sein, doch die Anwenderzufriedenheit „geht in den Keller". Unser Standpunkt: Hier sollten „eigene" Mitarbeiter mit „eigenen" Mitarbeitern sprechen.

Startpunkt

In der Regel wird der Dienstleister in einer Transitionsphase (siehe Kap. 3) den Betrieb übernehmen und dabei so aufsetzen und testen, dass nach Abschluss der Transitionsphase der Betrieb gemäß den definierten SLA läuft und möglichst keine Eskalationen auftreten.

Praxisfall

Einer der führenden IT-Dienstleister erhält den Auftrag, einen Managed Service bei einem weltweit agierenden Industriekonzern zu übernehmen. Das Betriebsprojekt kommt allerdings nie im Regelbetrieb an. Die „Transition" wird nach mehr als drei Jahren (!) abgebrochen, der Auftrag wird neu vergeben. Millionen von Euro wurden in den Sand gesetzt.

Der Dienstleister wollte dem Unternehmen sein Konzept aufzwängen, nach dem geflügelten Wort: Friss oder stirb! Das mag vor 10 Jahren noch funktioniert haben, jedoch in einer komplexen Welt und bei einem Unternehmen mit langer Historie sowie gewachsenen Strukturen und Prozessen heute mehr und mehr ein K.o.-Kriterium.

Das soll im Umkehrschluss nicht heißen, dass ein Dienstleister seine Prozesse bedingungslos auf den Kunden einstellen soll. Unternehmen erwarten schon, dass es vielleicht nicht anders, aber besser wird.

KVP und Innovation

Ein kluger Dienstleister sollte daher schon vorher kritisch auf die Prozesse des Kunden schauen. Gibt es dokumentierte Prozesse, wenn ja, sind diese für einen Managed Service geeignet? Hier ist ein gewisser Invest des Dienstleisters nötig, in seinem eigenen Interesse. Denn wer drei bis fünf Jahre in einem Managed-Service-Vertrag mit einem Unternehmen etwas bewegen und dabei auch noch Geld verdienen will, sollte Verbesserungspotenziale schnell identifizieren und die regelmäßigen Service-Meetings nutzen, um diese einzubringen. Je eher diese dann umgesetzt werden, desto besser für beide Seiten. Viele Unternehmen haben daher einen Kontinuierlichen Verbesserungsprozess (KVP) eingeführt, der genau dies zum Ziel hat. Vor allem, wenn der Vertrag zwischen Unternehmen und Dienstleister eine Einsparung von Kosten in den Folgejahren vorsieht.

Der KVP ist nur eine Seite der Medaille. Die andere Seite ist der Innovationsprozess. Wenn nicht schon in den Ausschreibungsunterlagen nach Innovation gefragt wird, sollte der Dienstleister aus eigenem Anspruch einen Innovationsprozess aufsetzen. Innovation muss nicht immer heißen, Altes raus und durch Neues ersetzen. Bei der Technik mag das aufgrund der Abschreibung vorprogrammiert sein. Aber in Architektur, Design und Software werden oftmals vorhandene Möglichkeiten gar nicht genutzt. Allein mit der Server-Software erwirbt der Käufer heute eine ganze Reihe von Tools quasi kostenlos mit, ohne diese zu nutzen, weil dafür bereits andere Tools im Einsatz sind. Diese verursachen Lizenz-, Wartungs- und Administrationskosten – wie passt das denn zu den o.g. Zielen von Managed Services?

Wenn ein Dienstleister heute auf der Stufe des KVP stehenbleibt und es unterlässt, beim Auftraggeber Innovationen einzubringen, wird keine nachhaltige Win-Win-Situation entstehen. Und auch daran müssen beide Seiten, Auftraggeber und Dienstleister, interessiert sein und gemessen werden.

Eine andere Erfahrung lehrt, ein Dienstleister, der Managed Services in der chemischen Industrie gut beherrscht, muss noch lange keine Empfehlung für einen Managed Service in der Autoindustrie sein. Und umgekehrt natürlich. Ein Dienstleister muss sich heute weit mehr in die produktiven Prozesse eines Kunden hineindenken als noch vor 10 Jahren. Während die Technik in der IT vergleichbar ist, weichen die Prozesse in den unterschiedlichen Industrien und Branchen oft stark voneinander ab. Auch hier schlägt die ständig wachsende Komplexität und die Vernetzung der IT voll zu und es lohnt sich, daran zu erinnern, dass nicht die Technik im Mittelpunkt steht, sondern der Kunde.

Fazit

- Fordern Sie ein flexibles Konzept von Ihrem Dienstleister anstelle eines starren Standards.
- Flexibilität heißt, verschiedene Service-Konzepte aus einem „Baukasten" in Form von skalierbaren Services bedienen zu können.
- Ein flexibler Dienstleister muss Innovationen selbstständig einbringen und darf kein „Ja-Sager" sein.
- Für eine nachhaltige Entwicklung der IT gehören KVP und Innovationsprozess untrennbar zusammen.
- Bestimmen Sie Strategie, Ziel und Aufwand für Ihre Betriebsorganisation.
- Nutzen Sie nicht alle möglichen Prozesse, definieren Sie Prozesse, die Ihnen helfen.

Service Levels – auf der Suche nach dem Optimum   2

> *Erfahrung ist der Anfang aller Kunst und jedes Wissens.*
> Aristoteles (384 – 322 v. Chr.)

In diesem Kapitel wollen wir der Frage nachgehen, „wie viel" Service Level sein muss, um einen weitestgehend störungsfreien Betrieb zu gewährleisten, ohne mit den hohen Ansprüchen den Aufwand für Service Management zu steigern und das Budget zu sprengen. Denn es ist nur folgerichtig, dass ein hoher Anspruch an die Service Level Agreements einen höheren Administrationsaufwand und damit auch einen höheren Preis nach sich zieht. Doch nicht nur das, wie die folgenden Beispiele gleich zeigen werden. Also stellt sich die Frage, wie man das Optimum für seine spezifische IT-Infrastruktur herausfinden kann.

Praxisfall

Ein Unternehmen vereinbart mit einem Dienstleister im Rahmen eines Managed Service „exzellente" SLA auf die Infrastruktur-Plattform, was Hardware, Netzwerk, Betriebssystem, Datenbanken, Storage und Backup umfasst. Dann wurde bei einer geschäftskritischen Applikation eine Änderung vorgenommen, die eine Störung des gesamten Geschäftsbetriebs auslöste. Da es sich um eine Software handelte, auf die zwar Support, aber kein SLA bezüglich Wiederherstellung vereinbart wurde, nutzten auch die „exzessiven" SLA auf die Infrastruktur nichts.

Leider ist das kein Einzelfall. Oftmals wird der Managed Service zu eng gesehen und die Frage, welches Ziel eigentlich mit den SLA erreicht werden soll, nicht betrachtet. Wenn, wie in dem oben beschriebenen Fall, Infrastruktur losgelöst von

© Springer Fachmedien Wiesbaden 2016
R. Walther, H. J. Hoppe, *Wie Managed-Service-Projekte gelingen*, essentials,
DOI 10.1007/978-3-658-12352-9_2

einer oder mehreren Applikation(en) betrachtet wird, mutieren SLA schnell zum Selbstzweck.

Betriebsunterstützung oder Betrieb

Die erste Frage, die sich ein Unternehmen stellen sollte, ist die Frage nach den Zielen, die erreicht werden sollen. Soll Budget gespart werden, sollen Prozesse professionalisiert werden, sollen fehlendes Know-how und/oder fehlende Ressourcen eingekauft werden usw. Was also ist die Motivation?

Danach folgt die Frage nach dem Weg. Ist ein Managed Service die beste Möglichkeit, die Ziele zu erreichen? Oder tut es auch ein Service-Vertrag mit betriebsunterstützenden Leistungen?

Wir lernen immer wieder Unternehmen kennen, die mit der festen Absicht antreten, den IT-Betrieb in Form eines Managed Service in externe Hände zu geben. Doch schon nach ein paar wenigen Fragen stellen wir fest, dass das Unternehmen gar nicht „Managed-Service-ready" ist. Was das heißt? Einfach ausgedrückt, das Unternehmen verfügt (noch) nicht über die nötige Organisation und die Prozesse, um einen Service oder gar mehrere Services mit allen Konsequenzen extern zu vergeben.

Abhilfe kann hier ein Service-Vertrag schaffen, der zunächst den „aktuellen Schmerz" des Unternehmens lindert und gleichzeitig Unternehmen und Dienstleister die Möglichkeit einräumt, Organisation und Prozesse so zu gestalten, dass nach einer möglichst kurzen Transitionsphase der externe IT-Betrieb aufgenommen werden kann.

Service-Strukturierung

Wenn wir eben auf die Problematik fehlender Prozesse hingewiesen haben, haben wir auch das Gegenteil kennengelernt. Gerade im Konzernumfeld gibt es seit Jahren gewachsene Prozesse, die so komplex geworden sind, dass die IT förmlich daran „erstickt", d. h. eine Weiterentwicklung der Services erheblich erschwert wird.

Es gibt viele Möglichkeiten, herauszufinden, welches Service-Konzept auf ein Unternehmen oder eine Organisation passt. Berater bieten meist eine Ist-Analyse oder die Erarbeitung von Konzepten an. Für viele Unternehmen ist das in einer frühen Phase eine Überforderung, zumal sich teure Konzepte oft als billige Kopien von vergleichbaren Kundensituationen entpuppen und kaum auf die individuellen Besonderheiten eingehen.

Die besten Erfahrungen haben die Autoren mit einem Service-Strukturierungsworkshop machen können. Im Rahmen eines eintägigen Workshops werden Anforderungen und Ziele definiert und danach eine Empfehlung für das weitere Vorgehen ausgesprochen. Dabei stehen Themen im Mittelpunkt, wie Ziele, Zeitplan und Meilensteine, Service-Prozesse, KPI, SLA, OLA, Reporting, Transitionsplanung, Herstellung der SLA-Fähigkeit, Leistungsänderungsverfahren und Compliance.

Der Service-Strukturierungsworkshop ist der schnellste und günstigste Weg, sich Klarheit zum eigenen Stand und den weiteren Schritten zu verschaffen.

SLA – Allheilmittel oder Beziehungskiller?

Viele Unternehmen schreiben den gewünschten Service aus. Die Ausschreibungen lesen sich dann oftmals wie ein Katalog von „Wünsch-Dir-was". Da werden nicht nur jede Menge SLA definiert, sondern auch SLA für alles Mögliche. Einige davon erzeugen beim Leser dann Reaktionen von Schmunzeln bis Erschrecken. Gemeint sind SLA wie „Meeting-Qualität" oder „Antrittszeit Service Manager vor Ort", deren Sinn angezweifelt werden darf. Ganz davon abgesehen, dass diese einen Handlungsbedarf an ganz anderen Stellen im Unternehmen offenbaren.

Hier ist die Frage nach der Motivation zu stellen. Was soll mit den SLA erreicht werden? Welche SLA werden zwingend benötigt, um die Geschäftsprozesse störungsfrei zu unterstützen? Was sind dabei die Anteile des Dienstleisters und welche SLA bringen die interne IT des Unternehmens voran?

SLA basieren unter anderem auf Key Performance Indicators (KPI), die klar messbar sein müssen. Das ist leichter gesagt, als getan. Selbst Konzerne mit den entsprechenden Ressourcen können nicht immer alles messen, was tatsächlich gemessen werden müsste. Größtenteils sind die notwendigen Tools (noch) nicht vorhanden. Doch jeder weiche Faktor erzeugt nur zeitraubende Diskussionen. Die Energie, die dort hinein fließt, sollte lieber in den KVP und Innovationsprozess fließen.

Aus unserer Sicht müssen SLA auf mehreren Ebenen definiert werden, die in der folgenden Übersicht nur angedeutet werden sollen:

Allgemein	Welche Ziele will der Auftraggeber mit den SLA erreichen? Was benötigen IT und Anwender?
Infrastruktur	Was soll und kann die Infrastruktur leisten?
	Welche SLA bedingen einander und müssen abgestimmt sein?
Rahmenbedingungen	Was ist für den Dienstleister aufgrund von Zugangs- oder Zugriffsbeschränkungen überhaupt machbar?
KPI	Wie sollen Reaktions-, Bearbeitungs- und Wiederherstellzeiten sein?
Verfügbarkeit	Wie wird die Service-Verfügbarkeit definiert?
Kosten	Kosten-Nutzenbetrachtung

Vor der Definition von SLA sollte eine Risikoanalyse stehen. So muss ein Service nicht 24 × 7 verfügbar sein, wenn die Anwender um 16:00 Uhr Feierabend machen. Hier muss auch Transparenz geschaffen werden, was Verfügbarkeit bedeutet. Auf Basis der Risikoanalyse und der Verhältnismäßigkeit sollte entschieden werden, welche KPI definiert werden und wie die SLA dahinter aussehen sollten.

Praxisfall

Zur Frage, was ein Unternehmen benötigt, lassen sich immer mehrere Antworten finden.

Zum Beispiel ist ein Cluster eine gute Sache, weil dieser hohe Sicherheit bietet und nur geringen Betriebsaufwand erzeugt. Doch er ist teuer und der Anfangsinvest ist hoch.

Wird der Weg des Single Servers verfolgt, ist zwar kein hoher Invest erforderlich, doch es besteht ein höheres Risiko und entsprechende Betriebsressourcen sind vorzuhalten.

Oder eine andere Frage: Wird wirklich ein aktiver 24 × 7 Support benötigt oder reicht eventuell auch eine Rufbereitschaft? Die Definition der SLA sollte immer aus Sicht des Anwenders erfolgen. Der Anwender ist der Kunde der IT und der muss gehört werden. Nur er kann sagen, was gegeben sein muss, damit das Business läuft und welche Ausfallzeiten tolerierbar sind. Dabei muss die IT ständig die technische Entwicklung im Blick haben, um darauf einen optimalen Service zu bauen, der die Balance zwischen Verfügbarkeit und Kosten schafft. Mit diesen Informationen und den Anforderungen des Anwenders muss die IT gemeinsam mit dem Anwender eine Kosten-Nutzen-Betrachtung anstellen. Diese ist dann die Basis für die SLA.

▶   Der Bedarf des Anwenders bestimmt die SLA-Definition.

Schließlich sollte bereits bei der Definition der SLA berücksichtigt werden, welchen Aufwand diese ihrerseits für das Monitoring der SLA, die Prozesse und Abstimmungen im Rahmen der Ticket-Bearbeitung, des Reportings und schließlich für die Pflege der sich schnell ändernden Dokumentationen nach sich ziehen. Wenn z. B. bei einem Service-SLA ein höherer Maßstab für die Reaktionszeit als die Wiederherstellzeit angelegt wird, müssen Sinn und Verhältnismäßigkeit hinterfragt werden, da sonst das Ticket zwar schnell eröffnet wird, die eigentliche Bearbeitung jedoch zu kurz kommt. Den Anwender interessiert doch nur, wie schnell sein Service wieder verfügbar ist.

Werden SLA falsch bewertet und angepackt, treibt das die Administration und damit die Transaktionskosten in die Höhe, das Service-Ziel jedoch wird verfehlt. Ein „Wünsch-dir-was-Katalog" ist daher kontraproduktiv.

Ausschreibungen

Wenn es um den Betrieb der IT geht, werden heute Ausschreibungen erstellt, die durchaus mehrere hundert Seiten umfassen. Die Bearbeitung beschäftigt ganze Teams über Wochen oder Monate – sowohl in der Bewertung, als auch in der Beantwortung und Verhandlung. Da kommt schnell eine größere Summe an Kosten zusammen, mit der Ungewissheit, den Auftrag zu erhalten. Doch die Kosten für die Erstellung der Ausschreibungsunterlagen und die Bearbeitungskosten durch den Dienstleister sind nur die eine Seite.

Der Inhalt wird oft von externen Beratern erstellt, die zwar die Wünsche des Managements nach mehr Transparenz, Zahlen, Dashboards, SLA usw. erfüllen, aber von der real gelebten Praxis weit entfernt sind. Das Ergebnis lässt dann die Fachabteilung oftmals die Hände über dem Kopf zusammenschlagen. Da werden Forderungen an den Dienstleister aufgemacht, die schnell das doppelte Budget des vorangegangenen Betriebszeitraumes erfordern.

Dennoch müssen Managed-Service-Projekte nach einer gewissen Laufzeit immer wieder ausgeschrieben werden. Zum einen aus Gründen der Compliance, es soll ja auf keinen Fall zu Verletzungen von Gesetzen, Richtlinien oder Kodizes kommen. Zum anderen, es könnte ja noch mehr gespart werden, z. B. mit einem neuen Dienstleister.

Beide Gründe, mit guter Absicht, gehen nicht selten schief. Im Falle der Kostenmotivation wird im Rahmen der Ausschreibung erfahrungsgemäß mindestens ein Dienstleister auf den Plan gerufen, der den Auftrag unbedingt haben will – oft nur aus Prestigegründen für die Referenzliste und wo die Kalkulation eine nachrangige Rolle spielt. Von der Qualität ganz abgesehen. Das schafft nicht nur Unruhe unter den Anbietern, sondern auch im ausschreibenden Unternehmen, weniger im Einkauf als in der Fachabteilung. Denn viele IT-Mitarbeiter verbinden ihren persönlichen Erfolg mit dem Erfolg des Dienstleisters und umgekehrt. Deshalb passiert es immer häufiger, dass, wenn es zu einem ungewollten Provider-Wechsel kommt, Leistungsträger im Unternehmen ihren Erfolg bzw. ihren guten Namen gefährdet sehen und sich eine neue Aufgabe suchen.

Compliance und Budget allein sind schlechte Berater. Es kann kein hohes technologisches Niveau, gepaart mit Prozess-Know-how, zum Niedrigpreis geben. Die versteckte Frage dahinter lautet doch eher: Wie eng schnüre ich das Korsett des Dienstleisters durch die Vorgabe eines klaren Rahmens einerseits und wie viel Luft gebe ich ihm zum Atmen andererseits, damit er den Service weiterentwickeln kann? Hier sind Macher gesucht, die dieses Dilemma auflösen können.

Das impliziert wiederum die Frage, wie ein Unternehmen unter derart komplexen Bedingungen den richtigen Partner findet. Unsere Antwort: Offener Dialog. Ausschreibungen auf Basis von Checklisten und Punktesystemen bringen vor allem eins – hohe Ausschreibungskosten. Nur in einem offenen Dialog und einem Verfahren, in dem sich ein Dienstleister von Anfang an einbringen kann/muss, wird ein Unternehmen fündig. Das funktioniert übrigens auch dort, wo scheinbar rigide Ausschreibungsrichtlinien keinen Dialog zulassen. Hier sei an das Verhandlungsverfahren im Öffentlichen Sektor erinnert.

Vor jeglicher Ausschreibung sollte daher großes Augenmerk auf die Erstellung des „passenden" Service-Katalogs gelegt werden.

Service-Katalog

ITIL beschreibt den Service-Katalog eher theoretisch. Wir wollen einige praktische Aspekte herausgreifen. Dabei spielt die Erstellung eines auf Nutzeffekte für den Anwender orientierten Service-Katalogs eine wichtige Rolle. Hier muss die Balance zwischen Aufwand und Nutzen, Ressourcen und Budget, vor allem aber müssen die Anforderungen der Anwender Berücksichtigung finden.

Ein zu erbringender Service hat ein SLA. Dabei werden KPI auf einzelne Elemente gelegt. Zusätzlich kann das SLA von anderen SLA abhängig sein.

Praxisfall

Der Service „Mail" kann folgende KPI haben: Annahme der Störungsmeldung, Wiederherstellzeit, Dauer der Bearbeitung usw. Zusätzlich kann eine Abhängigkeit zur Verfügbarkeit des darunterliegenden Betriebssystems bestehen, auf dem ein anderer SLA liegt. Ein Ausfall des Service „Mail" würde dann zwar das SLA „Betriebssystem" nicht beeinflussen, doch umgekehrt kann das durchaus der Fall sein.

Abhängigkeiten verschiedener SLA müssen identifiziert und aufeinander abgestimmt werden. Sonst kann es im Service-Meeting schnell zu heißen Diskussionen kommen.

Der Sinn von SLA liegt in der Verpflichtung des Dienstleisters zu einer durchgängig hohen Leistungsqualität. Und wo bleibt die Leistungsqualität der internen IT gegenüber der Fachabteilung? Hier kommen die OLA (Operational Level Agreements) ins Spiel, die betriebsinterne Entsprechung der SLA. Diese sind jedoch in der Praxis eher selten anzutreffen und noch seltener mit Pönalen unterlegt. Häufig gibt es intern auch nur eine unklar definierte Erwartungshaltung, die zudem nicht verbindlich kommuniziert wurde.

Praxisfall

Aus der Fachabteilung kommt der Ruf nach Hochverfügbarkeit einer business-kritischen Applikation. Die IT weiß, dass Hochverfügbarkeit in der Regel Cluster bedeutet. Doch wenn die Fachabteilung von den hohen Kosten und dem Aufwand eines Clusters hört, schreckt sie nicht selten zurück. Die IT weiß auch, dass es längst kostengünstige Alternativen in Form von virtuellen Maschinen gibt. Diese sparen Hardware und Lizenzen, vor allem aber Aufwand, z. B. durch ein schnelles Restore mittels Snapshot im Störungsfall. Nach spätestens einer halben Stunde ist die Störung behoben.

Dieser Fall zeigt, dass IT-Design und Service-Design in direkter Abhängigkeit voneinander stehen, was in der Planung zu berücksichtigen ist. In solchen Fällen ist demzufolge die Motivation des Anwenders zu hinterfragen. In der Regel sind heute alle Pläne durch rigide Budgetvorgaben gedeckelt. Andererseits ist aber auch ein Minimalkonzept beim Service gerechtfertigt, allein schon, weil sich die Software-Qualität mit den letzten Betriebssystem-Versionen deutlich erhöht hat und damit die Stabilität der Systeme.

Kurz gefasst, entsteht ein Service-Katalog in der Regel in folgenden Schritten:

- Service-Identifizierung
- Service-Spezifizierung
- Service-Konzipierung
- Service-Katalogisierung

Dabei beschreibt der Katalog nicht nur die einzelnen Services, sondern auch die Rahmenbedingungen, also wie diese eingekauft, erbracht und fakturiert werden.

Wenn Aristoteles von Erfahrung als „Anfang aller Kunst und jedes Wissens" spricht, dann schließt er sowohl positive als auch negative Erfahrung ein. Durch eine frühe Service-Strukturierung lassen sich mit relativ wenig Aufwand Fehlentscheidungen und damit negative Erfahrungen vermeiden.

Fazit

- Definieren Sie, was Sie messen wollen und welchen Nutzen Sie daraus ziehen können.
- Klären Sie, was Sie mit welchen Werkzeugen und welchem Aufwand messen können.
- Schaffen Sie Transparenz, z. B. was bedeutet eine Verfügbarkeit von 99,5 % monetär?
- Der Anwender (Service-Konsument) ist das Maß aller Dinge und damit kritischer Erfolgsfaktor.
- Unterscheiden Sie quantitative und qualitative Messungen.

Transition – Strukturen, Prozesse, Erfolgsfaktoren 3

*Auch aus Steinen, die einem in den Weg gelegt werden,
kann man Schönes bauen.*
Johann Wolfgang von Goethe

Warum fokussieren wir hier die Transition anstatt den Betrieb? Die Antwort ist einfach: Wird die Transition unterschätzt, wird der Regelbetrieb nach unserer Erfahrung entweder um ein Vielfaches teurer oder im schlimmsten Falle gar nicht zum Laufen kommen.

Die Transition ist der Weg von A nach B oder wie der Provider zur Übernahme der Betriebsverantwortung gelangt. Dabei ist es relativ unerheblich, ob ein Unternehmen mit Managed Services Neuland betritt oder ob die Übergabe von einem Dienstleister an einen anderen erfolgt.

Allerdings steht für die Transition nicht beliebig viel Zeit zur Verfügung. Vor allem deshalb, weil es in der Phase der Transition in der Regel zu einer Doppelbelastung für das Unternehmen kommt. Der abgebende Dienstleister steht noch in der Betriebsverantwortung, der neue Dienstleister arbeitet sich in die Prozesse ein. Es kann mit großer Sicherheit davon ausgegangen werden, dass der abgebende Dienstleister in dieser Situation nur das Nötigste tut, um seinen Vertrag zu erfüllen. Ein nicht unerhebliches Risiko für den Auftraggeber.

Die Transition ist ein Projekt, d. h. sie hat einen Anfang und ein Ende. Damit sie auch zu einem guten Ende kommt, sind Meilensteine und Abnahmekriterien nötig. In der Regel wird eine Liste der offenen Punkte (LoP) mitgeführt, die kontrolliert abgearbeitet werden muss. Sind diese Bedingungen nicht erfüllt, gerät die Transition zu einem schleichenden Übergang, im schlimmsten Falle ohne Ende.

Das Unternehmen wird deshalb einen professionellen Dienstleister auch daran festmachen, wie lange dieser benötigt, um von der Transition in den Regelbetrieb

© Springer Fachmedien Wiesbaden 2016
R. Walther, H. J. Hoppe, *Wie Managed-Service-Projekte gelingen*, essentials,
DOI 10.1007/978-3-658-12352-9_3

zu gelangen. Das haben wir am Beispiel eines Konzerns in Kap. 1 gesehen. Wie es auch nicht funktionieren kann, zeigt folgendes Beispiel:

Praxisfall

Ein mittelständisches Unternehmen entscheidet sich, einen Managed Service einzuführen. Die vom Dienstleister angebotene 30-tägige-Transitionsphase wird abgelehnt, alle fehlenden Voraussetzungen sollen aus Budgetgründen neben der monatlichen Service-Pauschale als Zusatzleistungen abgerechnet werden. Das Unternehmen glaubt, auf diese Weise die „hohe" Anfangsinvestition verteilen zu können und damit Kosten zu sparen. Die Folge ist, dass der Dienstleister alle notwendigen Maßnahmen neben seiner Service-Verantwortung durchführen muss. Die Transition dauert wesentlich länger. Planung und Abstimmung der Maßnahmen erzeugen einen deutlich größeren Aufwand und binden Ressourcen auf Seiten des Unternehmens viel länger als nötig, weil Ressourcen immer wieder neu geplant werden müssen, Termine von Seiten des Unternehmens immer wieder verschoben werden oder weil ein dringend benötigter Kollege im Urlaub ist. Die fehlende Stringenz und die schwierige Kommunikation im laufenden Prozess sind nicht nur der Killer für das erhoffte Einsparpotenzial, sondern das erste Jahr kommt in Summe teurer. Die Kommunikationsprobleme bleiben allen im Gedächtnis haften und belasten die weitere Zusammenarbeit.

Entscheidend ist hier das gegenseitige Verständnis, was die Transition ausmacht, um einen schleichenden und nicht enden wollenden Betriebsübergang zu vermeiden.

▶ **Praxistipp** Kommt ein neuer Mitarbeiter in ein Unternehmen, hat das Unternehmen in der Regel einen Einarbeitungsplan erstellt, der klare Ziele für die Einarbeitung verfolgt, damit der Mitarbeiter möglichst schnell „enabled" wird, um seinen Job zu machen.

Die Situation einer Transition gleicht auf den ersten Blick der Einstellung von neuen Mitarbeitern. Diese sollen sich in die Prozesse einarbeiten, damit sie den Service übernehmen können. Doch genau hier entsteht ein Problem, das bis zum Scheitern der Transition führen kann.

Es handelt sich eben nicht nur um eine Einarbeitung, sondern um die Übernahme eines Service. Und wie der Service weitergehen soll, kann nur der Auftraggeber wissen. Das ist also keine Sache zwischen Bestandsprovider und neuem Provider, wo sich der Auftraggeber „raushalten" kann. Fachlich wird hier zwischen Current Mode of Operation (CMO) und Future Mode of Operation (FMO) unterschieden.

Daraus folgt, dass die Übergabe an den neuen Dienstleister in zwei Phasen erfolgen muss. In der Phase der Transition arbeitet sich der neue Dienstleister in die Prozesse ein und übernimmt den Betrieb nach dem aktuellen Modell (CMO). D. h. auch, dass nicht der Bestandsprovider entscheidet, wann und wie die Übergabe erfolgt, sondern der neue Provider muss aus seiner Sicht sagen, wann und wie er den Service übernimmt. Es ist daher auch der Übernehmende, der die Abnahmekriterien festlegt und nicht der Bestandsprovider.

Das künftige Betriebsmodell (FMO) gibt der Auftraggeber vor. Daher sollte genau das in einem Workshop zwischen Auftraggeber und dem neuem Provider (und nicht mit dem Bestandsprovider) geklärt werden. In dem Workshop macht sich der neue Provider ein Bild und entwickelt daraus ein Konzept, welches in einer sich der Transition anschließenden Phase umgesetzt wird, damit er später nach dem neuen Modell leisten kann.

Der geübte Leser ahnt sicherlich schon, wo das eigentliche Problem liegt. Oftmals hat der Auftraggeber dieses Verständnis nicht, was zu nicht unerheblichen Irritationen führen kann. Das Thema dahinter lautet **Rollenklärung**. Diese muss nicht nur vertraglich geregelt, sondern wirklich allen Beteiligten bewusst sein. Der neue Service Provider muss hier also entsprechendes Know-how mitbringen.

Da der Bestandsprovider immerhin gerade ein Projekt oder gar seinen Job verliert, müsste der neue Dienstleister die größte Motivation haben, denn die Transition wird in der Regel als Festpreis und der Betrieb als Mix aus Festpreis und zusätzlichen Leistungen nach Aufwand abgerechnet. Je eher also die Transition abgeschlossen werden kann, umso schneller können Betriebsleistungen abgerechnet werden. Und die Doppelbelastung für alle Seiten hat ein Ende.

▶ Stimmt die Transition, stimmt auch der Betrieb.

Für die Autoren ist die Transition daher die wichtigste Phase im Rahmen der Übernahme von Betriebsprojekten, weshalb es sich lohnt, hier besonderes Augenmerk darauf zu legen.

Der Weg bis zum Regelbetrieb

Zwischen Transition und Regelbetrieb steht noch eine weitere Phase, die Herstellung der SLA-Fähigkeit (auch Transformation). Die Phase 1 endet mit dem Change of Control (CoC), d. h. der neue Dienstleister übernimmt den Betrieb vom Vorgänger und damit alle Rechte und Pflichten gemäß Auftrag. Die vertraglichen SLA gelten, jedoch werden in dieser Phase keine Sanktionen angezogen. Das ist aber auch der einzige Unterschied zum Regelbetrieb.

Der Veranschaulichung soll das folgende 3-Phasen-Modell dienen:

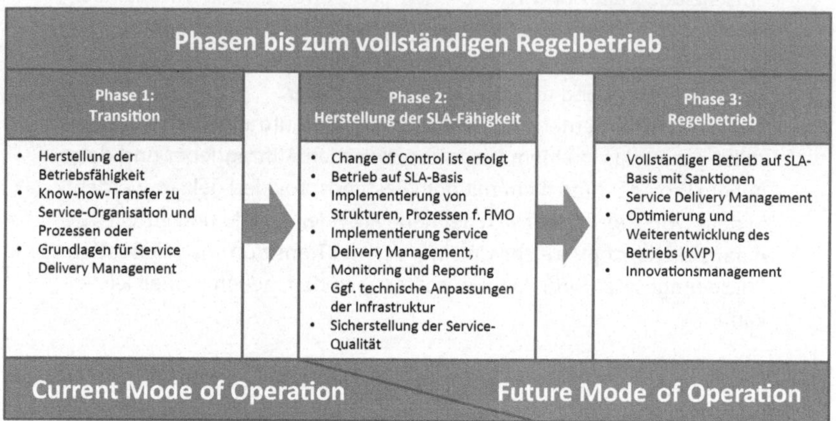

In der ersten Phase wird der Übergang in die Service-Verantwortung des neuen Service Providers gesteuert. In der zweiten Phase werden die Betriebsabläufe und Prozesse etabliert, um eine ganzheitliche SLA-Fähigkeit der Services herzustellen. Schließlich läuft der Betrieb auf SLA-Basis und wird kontinuierlich verbessert und weiterentwickelt.

Wir wollen im Folgenden etwas näher auf die Phasen Transition und Herstellung der SLA-Fähigkeit eingehen.

Transition (Phase 1)

Generell geht es in dieser Phase darum, bestehende Organisation und Prozesse kennenzulernen und die Voraussetzung für deren Übernahme zu schaffen. Im Sinne einer zügigen Übernahme werden während der Transition keine Veränderungen am Service oder der Technik vorgenommen. Die Aufrechterhaltung der Stabilität und Betriebssicherheit ist oberstes Gebot.

Im Rahmen der Transition werden die notwendigen Dokumentationen für den Betrieb nach dem Current Mode of Operation erstellt oder übernommen und aktualisiert. Diese bilden die Grundlage für die Service-Erbringung und das Reporting von Beginn an. Dazu gehören Betriebshandbücher und Leistungsscheine für die einzelnen Services, Systemdokumentationen für die Plattformen und Prozessbeschreibungen für den Betrieb. Dazu gehört auch eine Qualitätskontrolle, denn es werden IT-Systeme übernommen, die unter Umständen einer dringenden Überarbeitung bedürfen (z. B. OS-Version, Patch Levels, Security-Updates u.v.a.m.), um bis zum Regelbetrieb den Future Mode of Operation zu erreichen.

Innerhalb der Transition werden die Verantwortlichkeiten für den Betrieb abgestimmt und die notwendigen administrativen Maßnahmen geplant und umgesetzt, die für eine verantwortliche Betriebsübernahme notwendig sind. Dabei werden auch die Betriebsabläufe und das Zusammenarbeitsmodell sowie die Schnittstellen zu anderen Service-Bereichen (etwa Applikationsbetrieb, Anwender-Support oder Netzwerk) abgestimmt und dokumentiert. Das erfolgt am besten in der nach ITIL bewährten RACI-Matrix (R = Responsible, A = Accountable, C = Consulted, I = Informed).

Zur Transition gehören auch die Übernahme des administrativen Rollen- und Rechtekonzeptes sowie die Übernahme oder Schaffung der Voraussetzungen eines Monitoring als Grundlage für SLA-basierten Betrieb sowie eine aktive Administration.

Da in dieser Phase noch der Bestandsprovider in der Reporting-Pflicht steht, erfolgt durch den übernehmenden Dienstleister nur ein Reporting zu den aktuellen Aufgaben und Meilensteinen der Transition, um dem Auftraggeber auch das Feedback von der „anderen Seite" zum Projektfortschritt zu geben.

Mit Abschluss der Transitionsphase geht die fachliche Verantwortung an den Dienstleister über. Dazu erfolgt eine förmliche Übernahme. Die Verantwortung nach RACI-Matrix „Accountable" geht jedoch erst nach der Herstellung der SLA-Fähigkeit an den Dienstleister über.

Erfolgt kein Providerwechsel, aber der Betrieb soll auf ein neues Qualitätsniveau gehoben werden, dann kann unter Umständen die Transition entfallen und gleich mit Phase 2 gestartet werden. Die Phase der Herstellung der SLA-Fähigkeit sollte jedoch in jedem Falle geplant werden, auch dann, wenn der Service Provider nicht wechselt.

Herstellung der SLA-Fähigkeit (Phase 2)

Nach der Betriebsübernahme werden im Rahmen der Herstellung der SLA-Fähigkeit alle vereinbarten Prozesse aufgesetzt, die zur Erfüllung des SLA-basierten Betriebs notwendig sind. Demzufolge besteht die Hauptaufgabe der Phase der Herstellung der SLA-Fähigkeit in der Schaffung der Voraussetzungen für den Future Mode of Operation (FMO). Dazu gehören:

1. Organisatorische Maßnahmen
   - Etablierung des Zusammenarbeitsmodells (Steuerungsgremien, Inhalte, Dokumentation, Nachhalten von Maßnahmen).
2. Technische Maßnahmen
   - Was muss infrastrukturell verändert werden, um die Services gemäß den Anforderungen erbringen zu können.
   - Konfiguration der notwendigen Management-Plattformen für den Betrieb.
3. Prozesse
   - Abbildung von Incident Management, Problem Management, Change Management gemäß Service-Katalog.

Im Zuge dieser Maßnahmen, aber auch später im Rahmen des KVP tut der Dienstleister gut daran, die historisch gewachsene Infrastruktur (die manchmal dem bereits erwähnten „Zoo" gleicht) zu standardisieren, um auf diese Weise weitere Potenziale zu heben.

Weiterhin werden die zur Messung der SLA-Erfüllung notwendigen KPI, beispielsweise über das Monitoring, implementiert. Es erfolgt bereits in dieser Phase ein darauf basierendes, mit zunehmendem Zeitablauf genauer werdendes SLA-Reporting.

In der Phase der Herstellung der SLA-Fähigkeit erfolgt der Betrieb gemäß den SLA, jedoch werden im Unterschied zum anschließenden Regelbetrieb keine Sanktionen angezogen.

Der Vorteil dieser Vorgehensweise liegt auf der Hand. Die Transitionsphase wird kurz und kompakt. Der abgebende Dienstleister kommt schneller aus der Verantwortung heraus. In der Phase der Herstellung der SLA-Fähigkeit kann der neue Dienstleister sofort mit der Arbeit am Soll-Zustand beginnen und die notwendigen Veränderungen für das künftige Betriebsmodell gemäß Leistungsbeschreibung aufsetzen. Damit ist allen Beteiligten geholfen. Das Unternehmen hat zu jeder Zeit einen klar definierten Vertragspartner.

> **Praxistipp** Auch wenn in Phase 2 bereits die vereinbarten SLA gelten, sollte in dieser Phase nicht auf Basis einer Pauschale, sondern mit Projekten (auf Festpreis) gearbeitet werden. Das schafft eine transparente Budgetierung und zwingt Dienstleister und Auftraggeber, stringent an den Themen zur Herstellung der SLA-Fähigkeit zu arbeiten. Es trägt zur Verkürzung der Phase der Herstellung der SLA-Fähigkeit bei – ein weiterer Vorteil für diese Vorgehensweise.

Regelbetrieb (Phase 3)

Mit dem Übergang in den Regelbetrieb gilt die Leistungsbeschreibung inkl. FMO. Der Soll-Zustand wurde (hoffentlich) erreicht, der Betrieb erfolgt nun auf Basis der SLA, inklusive der Sanktionen bei Nichteinhaltung. Service Level Management, Monitoring, Reporting und KVP sind nun das Tagesgeschäft.

Abschließend sei zum oben beschriebenen Phasenmodell festgehalten, dass auch hier anhand der Voraussetzungen, die ein Unternehmen mitbringt, eine gewisse „Phasenflexibilität", vor allem aber Pragmatismus nötig ist.

▶ Prozesse müssen gelebt werden können!

Weil es in Managed-Service-Projekten eine Vielzahl von Kostentreibern gibt, hier noch ein paar Tipps zu Service Management, Reporting und Dokumentation.

Service Management

Im Rahmen der Implementierung des Service Level Managements erfolgt ein Abgleich der Rollen zwischen Auftraggeber und Dienstleister und die Definition der Schnittstellen. Je nach Größe eines Unternehmens und der internen IT kann es Rollen geben, wie:

- Business Manager
- Service Delivery Manager
- Service Level Manager
- Operations Manager.

▶ **Praxistipp** Die eben genannten Rollen sind allesamt Manager, die Geld kosten. Daher kommt es darauf an, das Maß zu finden und, einerseits, die Rollen nach Bedarf einzusetzen sowie, andererseits, auch nicht alles in einer Person zu konzentrieren.

Reporting

In der Praxis kommen zwei Fälle vor: Entweder definiert der Auftraggeber im Vorfeld, was und wie der Dienstleister zu reporten hat oder der Dienstleister bringt ein Reporting-Konzept ein, dem sich der Auftraggeber anschließt. Entscheidende

Grundlage dafür ist, auf welcher Datenbasis das Reporting aufsetzen kann. Diese ist oft schlecht, woraus für Auftraggeber und Dienstleister ein hoher Aufwand entsteht. Daher sind Design und Implementierung in der Phase der Herstellung der SLA-Fähigkeit eine gute Investition, die sich in deutlich geringerem Aufwand im Regelbetrieb widerspiegeln wird.

▶ **Praxistipp** Das Reporting sollte so weit automatisiert sein, dass z. B. täglich zu einer festgelegten Zeit ein Report der wichtigsten Incidents vollautomatisch aus dem ITSM-System per Email heraus an einen festgelegten Verteiler versandt wird. Dabei handelt es sich in der Regel um eine Log-Datei, die dann von den entsprechenden Entscheidern des Auftraggebers geprüft wird.

Das SLA-Reporting erfolgt auf der Grundlage der SLA-Messung, hier fließt die Messung meist in eine angeschlossene ITSM-Datenbank ein, von der aus Reports (z. B. zum Incident und Problem Management) angestoßen werden. Der Vertragsmanager des Auftraggebers stößt diesen Report z. B. einmal monatlich an und wertet diesen mit dem Service Manager des Dienstleisters aus.

Als Gremien für das Reporting haben sich das Betriebsmeeting und das Status-Meeting (z. B. wöchentlich) sowie das Management-Meeting (z. B. monatlich) bewährt. Diese werden je nach Art in der Teilnehmerzahl klein und in der Dauer kurz gehalten. Betriebsmeeting und Status-Meeting sind dabei dem Management-Meeting vorgeschaltet und bereiten letzteres auf operativer Ebene vor. Am Ende „verteidigt" der Service Manager des Dienstleisters vor dem Entscheider des Auftraggebers das Reporting und erwirkt die (monatliche) Rechnungsfreigabe.

▶ Reporting ist kein Thema zwischen Tür und Angel.

Hierbei steht insbesondere die Korrektur der SLA-Messungen im Vordergrund. In der Praxis kommt es immer wieder vor, dass Messungen von automatisierten Systemen falsch bewertet werden und somit unter den Erwartungen liegen würden, was Vertragsstrafen nach sich ziehen könnte. Daher muss auf operativer Ebene, also von den Ansprechpartnern, die zur Service-Erbringung aussagefähig sind, eine Überprüfung der Messergebnisse und gegebenenfalls deren Korrektur vorgenommen werden. Die Korrekturen werden dann in einem Report revisionssicher dokumentiert.

▶ **Praxistipp** Gerade in der Anfangszeit nach der Übernahme von Managed Services können SLA-Korrektur und Abrechnungskorrektur mehrere Tage pro Monat in Anspruch nehmen. Je schneller es dem Dienstleister gelingt, SLA-Abweichungen zu klären oder Prozesslücken zu identifizieren, umso schneller wird sich der Aufwand pro Monat auf zwei bis drei Stunden einpegeln.

Dokumentation

Schließlich werden nicht selten in Managed-Service-Verträgen die Pflege des Betriebshandbuches und der Inventardaten an den Dienstleister übertragen. Auf der Pflege der Inventardaten können sogar ein oder mehrere KPI liegen.

▶ **Praxistipp** Bei der Übernahme eines Managed-Service-Vertrages von einem Vorgänger sollte der Dienstleister auf eine aktuelle CMDB drängen, um sich nicht wegen Altlasten später ständig rechtfertigen zu müssen, weil Systeme bekanntlich nichts vergessen und Altlasten ewig mit sich rumschleppen, die der neue Dienstleister nicht ohne Mitwirkung des Auftraggebers beseitigen kann.

Fazit

- Wird die Transition unterschätzt, kann der Regelbetrieb für alle Beteiligten teuer werden.
- Die Transition muss kompakt und zeitlich überschaubar sein.
- Auf die Transition folgt die Herstellung der SLA-Fähigkeit (Transformation).
- Während der Herstellung der SLA-Fähigkeit gelten die SLA, jedoch noch keine Pönale.
- Stimmt die Transition, stimmt auch der Betrieb.
- Das Vorgehensmodell muss in der Praxis flexibel unter Berücksichtigung der Spezifika des Unternehmens implementiert werden.

Vertrag und Sanktionen 4

Der Mensch hat dreierlei Wege klug zu handeln: durch
Nachdenken ist der edelste, durch Nachahmen der
einfachste, durch Erfahrung der bitterste.
Konfuzius

Mit zunehmender Komplexität in der IT und der wachsenden Bedeutung von SLA
steigt auch das Risiko für Unternehmen und Dienstleister. Weil IT für Unternehmen geschäftskritisch geworden ist, helfen SLA, die Dienstleister zu einer adäquaten Service-Qualität zu verpflichten. Damit jedoch die mit den SLA verbundene
Vertragsstrafe nicht als Damoklesschwert über dem Dienstleister schwebt und das
Ziel der partnerschaftlichen Zusammenarbeit gefährdet, sind beide Seiten angehalten, Vorsorge durch entsprechende Regeln und Mitwirkungspflichten zu treffen.
Die Risikominimierung sollte bereits im Vorfeld erfolgen, bspw. bei der Verhandlung des Vertrages und den darin enthaltenen Sanktionen.

© Springer Fachmedien Wiesbaden 2016
R. Walther, H. J. Hoppe, *Wie Managed-Service-Projekte gelingen*, essentials,
DOI 10.1007/978-3-658-12352-9_4

Dazu lohnt es, sich an die beiden wichtigsten Begriffe zu erinnern: **Haftung** und **Vertragsstrafe**. Viele Unternehmen lassen nämlich bei der Festlegung von Vertragsstrafen außer Acht, dass beim Abschluss eines Vertrages auch unabhängig von einer expliziten Vereinbarung im Vertrag immer die gesetzliche Haftung gilt.

Ein **Haftungsfall** tritt dann ein, wenn jemandem durch das Verhalten oder Unterlassen eines anderen ein Schaden entstanden ist. Unternehmen und Dienstleister haben deshalb in der Regel eine Haftpflichtversicherung abgeschlossen.

Die **Vertragsstrafe** (oder Pönale) bezeichnet einen dem Vertragspartner zugesagten Geldbetrag für den Fall, dass der Versprechende seine vertraglichen Verpflichtungen nicht oder nicht in gehöriger Weise erfüllt. D. h., die Vertragsstrafe ist auch dann zu zahlen, wenn dem Auftraggeber kein Schaden entstanden ist.

Konsequenzen

Während also die Haftung in jedem Vertrag gilt, ist die Vertragsstrafe getrennt zu betrachten. Das hat Auswirkungen auf die Vertragsgestaltung und es obliegt den Vertragsparteien, hierzu klare und nachvollziehbare Regelungen zu treffen.

Sprachen wir im Kap. 3 – Transition davon, dass während der Phase der Herstellung der SLA-Fähigkeit noch keine Sanktionen gelten, dann trifft das nur auf eventuelle SLA-Verletzungen zu. Selbstredend unterliegt der Dienstleister mit Abschluss eines Vertrages von Beginn an den gesetzlichen Haftungsregelungen. Dabei wird in der Regel zwischen Vorsatz und Fahrlässigkeit unterschieden. Der Dienstleister kann mit dem Auftraggeber lediglich die Höhe der Haftungssumme verhandeln.

Die Transition ist gleichzeitig eine gute Gelegenheit, den Vertrag vor dem Regelbetrieb auf seine Belastbarkeit hin zu prüfen. Denn ist der Vertrag erst einmal unterschrieben, ist es meist schon zu spät, Änderungen zu verlangen. Und wer beginnt schon gern einen Mehrjahresvertrag mit einem Change Request. Was also muss in einer Transition berücksichtigt und geleistet werden, um den Regelbetrieb ohne Eskalation zu überstehen? Oftmals werden in der Transition Dinge entdeckt, die zur Herstellung des künftigen Regelbetriebs noch zu tun sind, jedoch in der Phase der Ausschreibung nicht entdeckt werden konnten. Dazu ist bei Vertragsabschluss die Möglichkeit vorzusehen, über Zusatzprojekte diese Aufgaben zu erledigen.

Ein Managed-Service-Vertrag ist von seinem Wesen her ein Werkvertrag und wird über Service-Pauschalen vergütet, die sich bei Verletzung der vertraglich definierten Service Levels mindern können. Die Bandbreite an Service Levels ist groß und wir können hier nur auf einige „Klassiker" eingehen.

Im Rahmen der Verletzung eines SLA kam es zu einem kurzzeitigen Stillstand in der Produktion. Hier treffen zwei Tatbestände aufeinander: Für die Verletzung des SLA zahlt der Dienstleister die vereinbarte Pönale an den Auftraggeber. Gleichzeitig ist dem Auftraggeber jedoch durch die Verletzung des SLA ein Schaden entstanden, weil ein Fließband für eine Stunde zum Stillstand kam und die Produktion damit unterbrochen wurde. Die Schadenshöhe für den Stillstand beträgt 500.000 €. Der Dienstleister hat neben der Vertragsstrafe auch diesen Schaden zu ersetzen.

Im schlimmsten Falle kommt auf den Dienstleister noch eine Forderung wegen Nichteinhaltung von Lieferfristen bzw. entgangenem Verkaufserlös zu. Letztere wäre in einem meist aufwendigen und langwierigen juristischen Verfahren zu klären.

Die Vertragsstrafe ist demzufolge unabhängig von der (ohnehin) vereinbarten bzw. gesetzlich vorgeschriebenen Haftung zu betrachten und kann als solche zusätzlich zur Haftung festgesetzt werden. Das liegt im Ermessen des Auftraggebers und im Verhandlungsgeschick des Dienstleisters. Vertragsstrafen lassen sich einpreisen, Haftungsfälle nicht.

Bonus-Malus-Regelungen

Vertragsstrafen werden leider oftmals einseitig ausgelegt, obwohl es längst Standardvorlagen gibt, die sowohl Maluszahlungen als auch Bonuszahlungen vorsehen. Dieser Umstand wird von den Dienstleistern noch viel zu wenig genutzt.

In einem Managed-Service-Vertrag lassen sich genügend Möglichkeiten definieren, wie der Dienstleister von einer Übererfüllung seiner vertraglich zugesicherten Leistung profitieren kann. So könnte der Dienstleister eine Bonuszahlung erhalten, wenn er z. B. eine neue Plattform statt innerhalb von sechs Monaten bereits nach vier Monaten bereitstellt. Oder wenn z. B. die vertraglich vereinbarten SLA für die Dauer von sechs Monaten nicht verletzt werden. Wobei die Bonuszahlungen in ihrer Höhe nicht adäquat zu den Maluszahlungen erfolgen, sondern in der Regel prozentual deutlich geringer ausfallen.

Sollte es dennoch zu Vertragsverletzungen kommen, die Vertragsstrafen nach sich ziehen, könnten anfallende Pönalen z. B. mit zusätzlichen Dienstleistungen verrechnet werden. Das ist zum beiderseitigen Vorteil: der Auftraggeber erhält eine Verbesserung der Services, der Provider kann die Ursachen für die SLA-Verletzung beseitigen und muss keine direkte Zahlung leisten.

Allerdings sollten solche Regelungen nicht überstrapaziert und schon gar nicht zum Geld verdienen genutzt werden, sondern Partnerschaft und Qualität die Grundlage der Zusammenarbeit bilden. Es gibt also auch mit Bonus-Malus-Regelungen Möglichkeiten, einen Managed-Service-Vertrag als Partnerschaft zu leben.

In der Praxis kommen jedoch auch Fälle vor, die sich auf den ersten Blick nicht zuweisen lassen und deren Nachweis schwierig ist, wie folgendes Beispiel zeigt:

Praxisfall

Die Archivsoftware eines etablierten Herstellers zeigt in der Produktivumgebung des Auftraggebers trotz aktuellem Softwarestand eine schlechte Performance. Sie läuft auf einem ebenfalls aktuellen Server mit einer angeschlossenen Storage-Lösung. Auf die schlechte Performance angesprochen, sieht der Hersteller der Archivsoftware die Ursache beim Server.

Im Rahmen des Problem Managements stellt sich heraus, dass die Ursache in der Abstimmung der Software auf RAM, CPU und Betriebssystem des Servers liegt. Hier liegt also ein Architektur-Versagen vor. Der Auftraggeber hätte entweder auf eine zertifizierte Lösung zurückgreifen oder die angestrebte Lösung vorher testen müssen.

► **Praxistipp** In solchen Fällen kann der Dienstleister nur die Konfiguration überprüfen. Wenn diese nach den bekannten Best Practices erfolgt ist, dokumentiert der Dienstleister das entsprechend und ist somit aus der Haftung. Dem Dienstleister bleibt in einem solchen Falle neben der Eskalation an den/die Hersteller nur die Aufgabe der Steuerung und Koordination.

Die Nachweispflicht für Schäden oder Vertragsverletzungen obliegt in allen Fällen, sowohl bei Haftungsfällen als auch bei SLA-Verletzungen, dem Auftraggeber. Der Nachweis eines Schadens ist in der Praxis oftmals nur mit erheblichem Aufwand möglich. Daher wird empfohlen, für den Fall einer Pflichtverletzung durch den Service Provider pauschalierte Schadensersatzansprüche zu vereinbaren.

Bei der Vereinbarung von Vertragsstrafen ist die Vereinbarung von Störungsklassen sowie deren Deckelung sinnvoll. Die Höhe dieser Sanktionen hängt vom Anspruch des Auftraggebers an die Verfügbarkeit der Systeme ab und vom Verhandlungsgeschick der Parteien.

Flexibilität in Managed-Service-Verträgen

Managed-Service-Verträge können auch **dienstvertragliche Elemente** enthalten. Über „optionale Leistungen" können Leistungen angefordert und erbracht werden, die nicht ursächlich im Vertrag enthalten sind, aber sinnvollerweise durch den Dienstleister gleichsam mit erbracht werden sollten. Diese Leistungen werden bei Bedarf in Anspruch genommen und nach Aufwand abgerechnet. Enthält ein Managed-Service-Vertrag solche optionalen Leistungen nicht, sollte der Dienstleister dies anregen. Davon profitieren beide Seiten: Der Auftraggeber kann von vornherein ein Budget für ungeplante Leistungen vorsehen und der Dienstleister muss nicht den aufwendigen Weg des Change Requests gehen, was am Ende den administrativen Aufwand auf beiden Seiten reduziert.

Da diese Leistungen gewöhnlich keinen SLA unterliegen, kommen hier zwar keine SLA-bezogenen Pönale zur Anwendung, jedoch bleibt auch hiervon die Geltendmachung von eventuellen Schadensersatzansprüchen unbenommen.

Vertrag als Lifecycle

Nicht nur ein Produkt, auch ein Vertrag hat einen Lifecycle. Im Rahmen des Vertragsmanagements müssen SLA und Vertragsstrafen beobachtet und von Zeit zu Zeit einer kritischen Bewertung unterzogen werden. Service-Anforderungen können sich ändern, Prioritäten sich verschieben. An einer Stelle steigen die Anforderungen, an anderer Stelle lassen sich Aufwand und Kosten durch Anpassung der SLA senken. Auch SLA selbst können sich ändern, was bedeuten kann, ein altes SLA wegfallen zu lassen und dafür ein neues SLA aufzunehmen. Demzufolge kann es erforderlich sein, einen Vertrag nach einer gewissen Zeit anzupassen.

Beendigungsmanagement

Für das Beendigungsmanagement gilt, bereits vorab zu bedenken, welche Tätigkeiten notwendig sind, wenn der Vertrag ausläuft oder gar gekündigt werden muss. In einem solchen Falle steht eine erneute Transition an, die wieder die Grundlage für einen störungsfreien IT-Betrieb legen soll. Die Beendigungsunterstützung muss daher alle Tätigkeiten umfassen, die der Dienstleister auszuführen hat, um einen reibungslosen Übergang der Services ohne Unterbrechung oder anderweitige Beeinträchtigungen auf den Auftraggeber oder einen anderen Dienstleister zu ermöglichen.

Dazu können z. B. gehören:

- Übertragung sämtlicher Daten und Dokumente, die der Dienstleister im Rahmen der Service-Erbringung vom Auftraggeber erhalten oder für diesen erstellt hat,
- Übertragung von für den Auftraggeber eingesetzter Hardware und Software zum Buchwert (in Abhängigkeit vom Alter),
- Übertragung von Drittverträgen, die der Dienstleister mit Drittanbietern von Hard- und Software geschlossen hat,
- Rückgabe von Beistellungen, wie Hardware, Software und anderen Vermögensgegenständen,
- Löschung von Daten mit schriftlicher Bestätigung an den Auftraggeber.

Manchmal gehören dazu auch Forderungen, wie die Übertragung von ausgewähltem Personal des Dienstleisters. Inwiefern diese und andere Forderungen legitim sind, sollten die Anwälte der Parteien vorab klären, die selbstredend in die Vertragsverhandlungen einbezogen werden müssen.

Doch auch hier sollte letztendlich der Grundsatz einer partnerschaftlichen Zusammenarbeit gelten.

Fazit

- Haftung und Pönale sind Risikofaktoren, als solche zu bewerten und ggf. einzupreisen.
- Eine vollumfängliche Prüfung der vertraglichen Anforderungen ist dringend angeraten.
- Ein Managed-Service-Dienstleister tut gut daran, eine Haftpflichtversicherung mit einer Versicherungssumme von mindestens 5.000.000 € für Vermögensschäden und mindestens 10.000.000 € für Personen- und Sachschäden (inkl. Mietsachschäden) vorzuhalten.
- Das Beendigungsmanagement muss bereits vor Vertragsbeginn geklärt werden.

Transformation der IT – Macher gesucht {#5}

5

In letzter Zeit wird der Ruf nach Transformation der IT immer lauter. Je nach Entwicklungsstand der IT im Unternehmen denkt der eine oder andere CIO über einen mehr oder weniger radikalen Wandel der IT nach. Da, wo sich die IT immer noch selbst mit dem IT-Betrieb beschäftigt, ist IT eher ein Auslaufmodell. Dort, wo der IT-Betrieb an einen Dienstleister gegeben wurde, kämpft die IT um ihre neue Rolle als „Service Broker", denn längst haben Fachabteilungen der IT den Rang abgelaufen und sich vom Bittsteller zum Owner des IT-Budgets aufgeschwungen. Zudem bringen Cloud-Anbieter eine bisher nicht gekannte Flexibilität und Skalierbarkeit ins Spiel, die eine interne IT niemals erreichen kann. Wenn in diesem Spannungsfeld die IT der Service Owner bleiben will, muss sich die IT grundlegend wandeln.

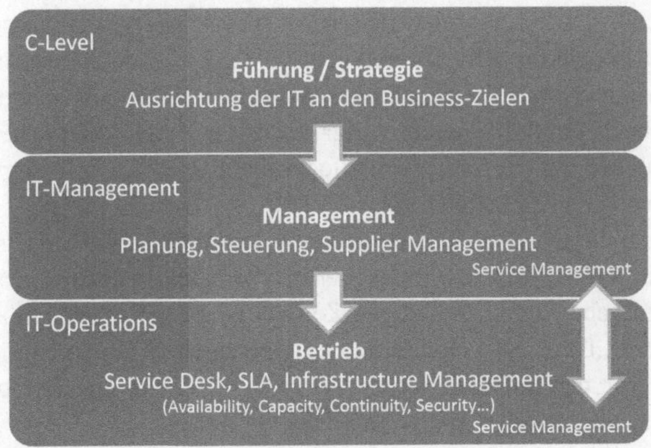

© Springer Fachmedien Wiesbaden 2016
R. Walther, H. J. Hoppe, *Wie Managed-Service-Projekte gelingen*, essentials,
DOI 10.1007/978-3-658-12352-9_5

Die Grafik veranschaulicht die wesentlichen Herausforderungen für das IT-Management, um der Rolle des „Service Brokers" gerecht werden zu können:

- Stärkerer Fokus auf Geschäftsprozesse, die Fachabteilung wird zum Kunden.
- Technik und Betrieb werden von einem Dienstleister übernommen, die IT kümmert sich um Prozesse.
- Rückbau eigener Betriebsressourcen, im Gegenzug Aufbau neuer Skill Sets für ein neues Business Modell.
- Die IT wird zum Strategen, Planer und „Broker" der Services (Assemblierung von providerübergreifenden IT-Leistungen).
- Schaffung von Rahmenbedingungen (Security, Risiko Management, Governance, Compliance, Konditionen, Kosten).

Erfolgt der IT-Betrieb auf Basis von Managed Services, wurde offenbar schon ein erheblicher Standardisierungsgrad erreicht. Und nun? Wie weiter? Was kommt danach? Neue Technologien? Neue Business-Modelle?

Scheinbar erschwerend kommt hinzu, dass Managed Services eng mit ITIL verbunden sind und ITIL in den letzten Jahren immer mehr in die Kritik gerät. Insbesondere mittelständische Unternehmen setzen sich zwar mit ITIL auseinander, betrachten jedoch Aufwand und Kosten für die Einführung von Prozessen als unverhältnismäßig hoch. Wer allerdings Managed Services mit dem Beschreiben von Papier und komplexen ITIL-Prozessen gleichsetzt, wird das Ziel verfehlen. ITIL beschreibt einen Rahmen, die konkreten „Durchführungsbestimmungen" müssen von der IT mit der Fachabteilung so lebendig definiert werden, dass damit die bestmögliche Unterstützung der Geschäftsprozesse erzielt wird.

Wir sind der Auffassung, dass das Potenzial von Managed Services noch längst nicht ausgeschöpft ist. Zum einen stellen wir immer wieder fest, dass die bereits vorhandene Infrastruktur nicht optimal genutzt wird. Gerade in historisch gewachsenen Infrastrukturen werden neue Komponenten eingeführt, die neben der eigentlichen Aufgabe noch viele weitere Aufgaben mit erledigen könnten. Doch wenn das Umschwenken auf die neue Technologie nicht konsequent erfolgt, dann bleiben die erwünschten Effekte aus.

Zum anderen lassen sich viele der neuen Technologien, wie Industrie 4.0, Converged Infrastructure und Cloud entweder hervorragend nutzen oder gar integrieren, um die Aufgaben der IT in kürzerer Zeit mit weniger Ressourcen zu erledigen. War der Begriff „Business Enabler" in den vergangenen Jahren eher eine Vision, ist er heute durch den hohen Grad der Vernetzung Realität und zwingt die Unternehmen zum Umdenken.

Wenn heute über neue Strategien im Managed Service nachgedacht wird, stellt sich oft die Frage: Betrieb On-Premise oder in der Cloud? Wir wollen das Pferd nicht vom Ende her aufzäumen, sondern im Folgenden den Hauptfaktor im IT-Betrieb betrachten: **Effizienz**. Denn Effizienz ist die Folge von optimalen Strukturen und Prozessen und On-Premise oder Cloud sind (nur) die Umsetzungskonzepte.

Hier kommen Begriffe, wie Prozess-Automatisierung, Service-Automatisierung und Flexibilität ins Spiel, also Themen mit neuen Skill Sets, denen sich interne IT und Dienstleister heute stellen müssen.

Prozess-Automatisierung

IT-Regelbetrieb bedeutet vor allem immer wiederkehrende Tätigkeiten, wie zum Beispiel Patch Management, Deployment, Incident/Problem Management. Diese erfordern Zeit sowie Ressourcen und bedeuten Aufwand. Damit sind auch schon die Stellschrauben benannt. Da wir noch keine Technologie für eine Zeiterweiterung gefunden haben, bleiben Ressourcen und Aufwand. Ressourcen, hier Menschen, machen bekanntlich Fehler: Lassen sich die Fehler reduzieren, lassen sich auch die Betriebskosten senken. Jede Tätigkeit bedeutet Aufwand: Lässt sich der Aufwand senken, lassen sich die Betriebskosten senken. Wie kann das gehen? Was könnte der erste Schritt in diese Richtung sein?

Heutige Infrastrukturkomponenten, Management-Plattformen und administrative Tools bringen bereits viele Möglichkeiten der Automatisierung mit. So lassen sich bereits durch Scripting wiederkehrende Aufgaben eines Administrators vereinfacht wiederholbar ausführen. Denkt man Scripting weiter, ergeben sich viele Möglichkeiten für Automatisierungsframeworks, d. h., für vollautomatisches Arbeiten.

Nur so ist es beispielsweise möglich, dass Rechenzentren heute von erstaunlich wenigen Mitarbeitern betrieben werden. „Handarbeit" gehört der Vergangenheit an, Vollautomatisierung heißt das Zauberwort. Vollautomatisierung hat allerdings nichts mit Zauberei zu tun, denn was hier im Großen funktioniert, kann genauso im Rechenzentrum (und wir sagen bewusst nicht On-Premise oder in der Cloud) eines mittelständischen Unternehmens funktionieren.

Doch in mittelständischen Unternehmen ist immer wieder festzustellen, dass notwendige Prozesse nur ansatzweise existieren. Sie brauchen jemanden, der sie versteht und mit ihnen den richtigen Weg herausarbeitet und auch geht.

Gerade für mittelständische Unternehmen ist die Frage On-Premise oder Cloud interessant und sollte betrachtet werden. Beide Varianten haben jeweils zwei Möglichkeiten. On-Premise kann bedeuten, dass das Unternehmen die IT selbst betreibt oder als Managed Service betreiben lässt. Auch in der Cloud bleiben Aufgaben des IT-Betriebs, bei denen das Management entscheiden muss, ob diese die eigene IT erledigen soll oder ein externer Dienstleister, da die Hoheit des Cloud Providers meist an den Türen des Rechenzentrums endet.

Hier ist vor allem das Verständnis nötig, dass zunächst in die Erarbeitung einer IT-Strategie investiert werden muss. Dazu holen sich die meisten Unternehmen einen Berater ins Haus. Das ist auch gut so. Doch spätestens, wenn es an das Umsetzungskonzept geht, sollte der „Haus- und Hof-Dienstleister" hinzugezogen werden. Denn schließlich kennt der Dienstleister die IT des Unternehmens aus dem täglichen Geschäft am besten.

Der Dienstleister kann im Rahmen von betriebsunterstützenden Maßnahmen das Unternehmen auf dem Weg zur neuen Strategie begleiten, in dem er bei der Einführung von notwendigen Strukturen und Prozessen unterstützt (siehe auch Kap. 3 – Transition). Das Unternehmen kann den IT-Betrieb so aufstellen, dass dieser in einem definierten Zeitraum nach der neuen Strategie betrieben werden kann.

Wir wollen an einem einfachen Beispiel zeigen, was Service-Automatisierung bewirken kann, aber auch, welche Anforderungen diese stellt, damit die gewünschten Effekte eintreten.

Praxisbeispiel

Im IT-Betrieb erfolgt in der Regel ein Monitoring der zu betreuenden Systeme. Tritt eine Störung auf, erzeugt das Monitoring-System ein Incident-Ticket, das beim Service Provider aufläuft. Parallel bemerkt natürlich auch der Anwender die Störung und wird seinerseits ein Ticket beim Service Desk eröffnen. Ohne eine automatisierte Bearbeitung von Incidents beginnen nun im schlimmsten Falle zwei Organisationseinheiten mit der Ticket-Bearbeitung.

Die Lösung besteht in der Kopplung des Monitoring-Systems mit dem ITSM-Tool über eine CMDB, die beide Tickets auf das gleiche Configuration Item referenziert. Daran lässt sich wiederum ein Workflow-Tool (Orchestrator) anschließen, das Runbooks, also die vorher beschriebenen Skripte oder Frameworks abarbeitet und sich meldet, wenn die Störung behoben ist. Vorteil: beide Tickets werden vollautomatisch bearbeitet und dokumentiert.

Denkt man dieses Szenario weiter, lassen sich selbstlernende Lösungen bauen, die in der Lage sind, immer mehr Störungen automatisiert zu bearbeiten. Der Grad der Automatisierung lässt eine Reduzierung des Aufwands um 70–80 % zu.

Klingt plausibel und einfach, wenn da nicht eine zentrale Voraussetzung wäre: eine hochstandardisierte Infrastruktur. Doch nach unserer Erfahrung erfüllen nur wenige Unternehmen diese Voraussetzung. Hier kann ein Dienstleister helfen, mittelfristig bei den notwendigen Standardisierungsmaßnahmen zu unterstützen.

Dabei kommt ein weiterer Aspekt ins Spiel, der bereits weiter oben beschrieben wurde: der Rollenwechsel. Egal, wer am Ende die IT betreibt, die Rollen der IT im Unternehmen und des Dienstleisters ändern sich, was nicht wenig

Spannungspotenzial in sich birgt. Für den Server-Betrieb lässt sich der Administrationsaufwand durch Automatisierung um bis zu zwei Drittel reduzieren. Für die Administratoren ändert sich deren Rolle. Sie sind nicht länger Administratoren im herkömmlichen Sinne, sondern Steuerer von Workflows. Das bedingt ein völlig anderes Skill Set.

Praxisbeispiel

Server werden heute in der Regel virtuell bereitgestellt. Durch den Einsatz von Orchestrierungstools haben sich die Bereitstellungszeiten bekanntlich stark verkürzt. Wenn die Bereitstellung eines Servers früher noch 40 h dauerte, ist dieser Vorgang heute nach 13,7 h (Studie IDC: „Business Value of Managed Services") oder inzwischen noch schneller erledigt.

Dabei dauerte früher die technische Bereitstellung am längsten, der Beantragungsprozess beanspruchte den geringsten Zeitaufwand. Heute, dank Automatisierung, hat sich das Verhältnis umgekehrt (technische Bereitstellung nur noch ca. 30 min). D. h., wenn Beantragungs-, Genehmigungs- und Beschaffungsprozess nicht ebenfalls automatisiert werden, ist der Gewinn nur halb so groß. Hier kann ein Konfigurator in Form eines Webfrontends unterstützen, in dem der Anwender durch Routinefragen zum Ziel geführt wird.

Wird der Prozess ganzheitlich betrachtet, lassen sich automatisch im Hintergrund die Anforderungen an das künftige Monitoring, die CMDB und die SLA generieren.

Die Vorteile liegen auf der Hand:

- Sicherstellung der Standardisierung,
- Betrieb des Servers nach den Anforderungen des Anwenders,
- Kosten entsprechen dem Budget (keine „Wünsch-Dir-Was" Diskussionen),
- Transparenz/Nachvollziehbarkeit der Bearbeitungszeiten in den einzelnen Prozessschritten,
- Transparente Abbildung der Leistungsverrechnung.

Service-Automatisierung

Die folgerichtig nächste Stufe ist die Service-Automatisierung. Doch auch hier kommt man an Prozessen nicht vorbei. Die Durchgängigkeit der Prozesse ist die Grundvoraussetzung für Service-Automatisierung. Dabei ist die Erkenntnis wichtig, dass Service-Automatisierung nichts Technisches ist, sondern Prozesse sind, die lediglich technisch umgesetzt werden. Noch immer herrscht das Denken vor, dass nur ein Tool beschafft werden müsse.

Service-Automatisierung funktioniert in der Regel über verschiedene Bereiche des Unternehmens hinweg. Demzufolge ist hier eine hohe Management Awareness die Voraussetzung, um die verschiedenen Stakeholder (z. B. Beschaffung, Controlling, Fachbereich, IT) an einen Tisch zu bekommen. Brüche zwischen den Teilprozessen machen Services teuer. Was in der Theorie einleuchtend klingt, ist in der Praxis oft unklar und wird unterschätzt. Hier ist interne Kommunikation gefragt. Das ist Aufgabe des Service Owners (und nicht des Dienstleisters, was aber häufig erwartet wird).

Noch komplexer wird das Thema Service-Automatisierung durch den in letzter Zeit immer stärkeren Ruf nach erhöhten Sicherheitsanforderungen. Das hat auch zu einer Verschiebung der Prioritäten geführt, z. B. von der Verfügbarkeit in Richtung Security. Zumindest ist dadurch die Management Awareness für dieses Thema gestiegen.

Ein Beispiel für Service-Automatisierung ist ein Service-Portal für Server-Bereitstellung, über das die nötigen organisatorischen, kaufmännischen und technischen Schritte angestoßen werden.

Eingabe	Umsetzung / Tool	Ausgabe / Ergebnis
Web-Portal für Anfragen / Bestellungen / Reports Self Service Individuelle Abfragen	vRealize Business (VMware)	- Dashboards - Reports - Analysen

3. Management: Datenaufbereitung, Statistiken, Auswertungen

Eingabe	Umsetzung / Tool	Ausgabe / Ergebnis
Web-basiertes Bestellformular, Kopplung an Plattformen für ext. Bestellungen u. kaufm. Verrechnungen; Statusabfragen	vRealize Orchestrator (VMware)	Funktionsfähige Workflows für: - Bereitstellung - Erweiterung - Abbau / Löschung von VMs

2. Organisatorischer Workflow: Anbindung externer Systeme

Eingabe	Umsetzung / Tool	Ausgabe / Ergebnis
Technisches Portal zur automatisierten Bereitstellung von Server VMs	vRealize Orchestrator (VMware)	Show Case Bereitstellungsworkflow für den Prozess „VM-Erweiterung" Statischer Report

1. Technischer Workflow: Abbildung der Basisinfrastruktur

Im Rahmen eines Projektes zur Weiterentwicklung der Server-Bereitstellung wurden in diesem Beispiel die technischen Voraussetzungen geschaffen, größere Workloads, höhere SLA sowie eine bessere Auslastung der vorhandenen Ressourcen zu gewährleisten.

Standardisierung und Automatisierung sind schließlich auch sicherer als individuelle Lösungen oder Prozesse. Sie bedeuten weniger Kosten und Fehler, schnelleren Support und geringeren Service-Aufwand.

Was ist denn nun mit der Cloud?

Bisher liest sich das alles so, als sei bereits mit „Bordmitteln", Standardisierung und Automatisierung eine deutliche Effizienzsteigerung zu erzielen. Ja, das ist so. Dennoch wird in Zukunft kein Weg an der Cloud vorbeiführen. Nicht deshalb, weil das gerade alle IT-Visionäre postulieren, sondern weil z. B. die marktbeherrschenden Software-Hersteller künftig nur noch Cloud-basierte Software anbieten werden. Also gehe ich doch gleich in die Cloud, wird sich der Leser fragen.

Studien belegen, dass Kosteneinsparungen (leider) die Hauptmotivation für die Cloud sind. Die Cloud wird daher immer mehr zum Benchmark für die eigene IT. Dabei macht es einen Unterschied, ob standardisierte Themen, wie Mail, Telefonie, File Sharing usw. in die Cloud gegeben oder individuelle Themen, wie Business Prozesse ausgelagert werden sollen. Und schließlich stellt sich die Frage, was künftig noch On-Premise, also im Unternehmen gehalten und welche Services aus der Cloud bezogen werden sollten. Fragen über Fragen, doch der Reihe nach.

►   Ohne Prozesse und Standardisierung wird jedes Cloud-Projekt scheitern!

Beginnen wir bei den Software-Herstellern. Als Nutzer sind beim Einsatz von Software sowohl technische Anforderungen als auch kaufmännische Entscheidungen abzuwägen. Technisch ist bei einer Entscheidung der Software-Lifecycle zu berücksichtigen.

Praxisbeispiel

Microsoft bringt mit dem Windows Server 2016 voraussichtlich das letzte On-Premise Server-Betriebssystem heraus.

Auf der anderen Seite ist für viele Unternehmen der Windows Server 2003 vom Leistungsumfang völlig ausreichend. Doch dafür gibt es seit Juli 2015 nur noch Support gegen erhebliche Zusatzkosten.

Das Auslaufen von On-Premise Software-Modellen kann für viele Unternehmen ein zusätzlicher Treiber in Richtung Cloud sein. Doch genau hier droht Gefahr und die Unternehmen geraten immer mehr in ein Dilemma: Wenn der Betreiber der Cloud später ein Update auf eine neue Plattform ankündigt (falls dieser das überhaupt mitteilt), dann müssen die Applikationen nach dem Update immer noch lauffähig sein. Die Erfahrung lehrt, dass viele Applikationshersteller dem schnellen Lifecycle der System-Software-Hersteller gar nicht folgen können. Und wenn ein Unternehmen erst einmal in der Cloud ist, hat es in der Regel auch entsprechende Ressourcen abgebaut, die aber genau dafür wieder gebraucht würden. Das heißt, die Cloud schafft in gewisser Form eine neue Abhängigkeit, der sich der Nutzer mit aller Konsequenz bewusst sein muss.

Daher sollte bereits bei Vertragsabschluss berücksichtigt werden, wie die IT im Unternehmen in Zukunft aussehen soll.

Technisch gesehen ist ein Cloud-Modell ein Managed Service. Auch das hat Konsequenzen. Wir haben bereits weiter oben darauf verwiesen, dass ohne entsprechende Prozesse und Strukturen ein Managed Service nicht erfolgreich sein kann. Wenn also ein Unternehmen ohne diese Voraussetzungen in die Cloud geht, wird der Aufwand nicht kleiner, sondern größer. Das ist kontraproduktiv zu der oben erwähnten Motivation der Kosteneinsparung.

Demzufolge stellt sich einerseits die Frage, wie weit eine Annäherung an den Standard möglich ist. Andererseits, was wirklich gebraucht wird, um mit der IT einen Mehrwert zu schaffen. Das kann die IT nicht allein beantworten. Hier gilt es, eine Balance zu finden und dazu müssen IT und Fachabteilung an einen Tisch. Wird dieser Prozess nicht durch das Management moderiert, ist ein Scheitern praktisch vorprogrammiert. Wenn das Management nicht sicherstellt, dass IT und Fachabteilung miteinander sprechen, wird auch die IT niemals ihrer neuen Rolle als Service Broker im eigenen Unternehmen gerecht werden können.

Wer dann den Lead in den Diskussionen übernimmt, hängt maßgeblich von den Themen ab. Bei den oben erwähnten klassischen Infrastrukturthemen wie Mail usw. kann die IT den Lead übernehmen. Bei den Business-Prozessen und Applikationen muss der Lead in der Fachabteilung liegen. Diese sind jedoch im operativen Geschäft häufig überfordert, zumal hier Know-how, Erfahrungen und Vergleiche fehlen.

Daher engagieren Unternehmen oft externe Business-Process-Management-Berater, die eine Abstraktion für eine standardisierte Abbildung konzeptionieren (denn IT-Dienstleister können das heute nicht). Doch auch diese stoßen unter den neuen Rahmenbedingungen häufig an ihre Grenzen. BPM-Berater benötigen heute analog der internen IT ebenfalls andere Skill Sets. Sie müssen sich zusätzlich stärker mit IT beschäftigen, um eine Mediator-Funktion übernehmen zu können und die optimale Abbildung der Business-Prozesse über die IT zu gewährleisten.

Kurzes Zwischenfazit: Die aktuellen fünf Treiber der IT (Cloud, Big Data, Mobility, Security, Social Media) sind gut und schön, doch lassen Sie sich bitte nicht von den Themen ablenken, die das überhaupt erst ermöglichen: Standards und Prozesse.

Auf die Frage, wie viel Cloud sein sollte, muss jedes Unternehmen für sich eine Antwort finden. Die Autoren können an dieser Stelle nur einige Erfahrungen einfließen lassen. Solange beispielsweise ein Unternehmen ein Hybrid-Cloud-Szenario nutzt, sollte immer der Taschenrechner griffbereit sein und regelmäßig nachgerechnet werden. Die Autoren konnten feststellen, dass in bestimmten Szenarien über eine gewisse Laufzeit ein On-Premise-Szenario rentabler sein kann! Die Gründe sind durchaus nachvollziehbar: die Anfangsinvestition ist relativ gering, jedoch müssen in einem Hybrid-Cloud-Szenario Teile der Infrastruktur und der Organisation doppelt vorgehalten werden, die entsprechende Aufwände dauerhaft nach sich ziehen. Werden wirklich alle Ressourcen berücksichtigt, können die Kosten sogar auf das Dreifache steigen!

Daraus lassen sich zwei Schlussfolgerungen ziehen:

1. Vorher Standards und Prozesse schaffen, die einen hohen Automatisierungsgrad darstellen.
2. Ein Hybrid-Szenario sollte kein Dauerzustand sein. Dies ist mit einer Transition vergleichbar, die wie oben beschrieben, einen Weg von A nach B beschreibt und möglichst kurz und kompakt sein sollte.

Weil sich diese Erkenntnis noch nicht durchgesetzt hat, und Unternehmen in diese Falle bereits getappt sind, haben findige IT-Leiter im Rahmen der Transition bereits eine weitere Phase zwischen CMO und FMO definiert, die Phase des „Mixed Mode". Diese ist jedoch für alle beteiligten Seiten unerträglich und erzeugt Schmerzen.

Greifen wir also das 3-Phasenmodell der Transition zu einem Managed Service wieder auf, dann tauschen auf dem Weg in die Cloud zwei Phasen ihren Platz: Zunächst muss die Herstellung der SLA-Fähigkeit erfolgen, danach die Transition und dann kann der Betrieb aus der Cloud heraus erfolgen.

▶   Was On-Premise nicht funktioniert, wird auch in der Cloud nicht funktionieren!

Doch dabei darf nicht vergessen werden, dass – wenn die IT vorher nicht in einem Managed Service betrieben wurde, egal ob intern oder extern – die IT zunächst über das 3-Phasen-Modell Managed-Service-ready gemacht werden muss. Der Versuch, direkt in die Cloud zu gehen, um mit einem Schlag den „Zoo" loszuwerden, käme einem Harakiri gleich. Getreu dem Motto: was On-Premise nicht funktioniert, wird auch in der Cloud nicht funktionieren.

Das ist im Tagesgeschäft nicht machbar und klingt ungeheuer kompliziert. Doch das Gegenteil ist der Fall. Viele kleine, gut geplante Schritte tragen dazu bei, dass die IT transparent, übersichtlich und steuerbar wird. Das muss auch nicht mehrere Jahre dauern. Die IT muss sich dafür „nur" wandeln.

Weiter oben hatten wir schon den Rollenwechsel der IT angedeutet. Vor allem die Erkenntnis, dass der Anwender das bestimmende Element ist. Der Anwender will sich nicht mit IT beschäftigen. Er ist der Konsument von Services, künftig viel stärker in Richtung Infrastructure as a Service (IaaS) und Software as a Service (SaaS). Ihm ist es egal, woher diese Services kommen oder wer diese bereitstellt. Denken wir das konsequent weiter, ergibt sich die Frage nach der künftigen Rolle der IT-Dienstleister. Mit der zunehmenden Automatisierung sinkt der Betriebsaufwand, was den IT-Dienstleister zu einem weiteren Rollenwechsel zwingen wird. Der klassische Betriebsdienstleister schafft sich mit seinem letzten Cloud-Projekt faktisch ab. Und hat die Automatisierung erst einen hohen Grad erreicht, erübrigt sich auch jedes Offshoring. Die künftigen Felder des IT-Dienstleisters liegen in der Gestaltung von Automatisierungsframeworks, einer Beraterrolle und im Applikationsservice. Auch dafür sind völlig neue Skill Sets nötig.

In den Unternehmen wie auch bei den IT-Dienstleistern mangelt es nicht an Ideen für Innovationen. Doch diese verwirklichen sich nicht von selbst, selbst wenn sie noch so augenscheinlich sind. Viele Unternehmen suchen noch immer ihr Heil im Off- und Nearshoring, fahren also den Kostenansatz. Für ein nachhaltiges Überleben der Unternehmen sollte der Fokus jedoch auf die Effizienz durch Automatisierung gelegt werden, also Innovation. (Und dabei die Kosten nicht aus dem Blick verlieren.)

Ideen und operatives Geschäft passen aufgrund der Leistungsdichte heute nicht mehr zusammen. Ideen benötigen eine Lobby und dafür braucht es Entscheider und Macher. Zugegeben, Ideen sind riskant. Unternehmen und Dienstleister sind daher gut beraten, eine Innovationspartnerschaft einzugehen, bei der auf jeder Seite Menschen sind, die die Ideen treiben und umsetzen, um die Business Productivity zu erhöhen.

Wenn Ihnen die Autoren aus ihrer Sicht und ihrer Erfahrung ein paar Denkanstöße zum Thema Managed Services und darüber hinaus geben konnten, dann wurde das Ziel dieses Buches erreicht. Kontakt zu den Autoren und weitere Informationen erhalten Sie über den Blog auf der Website: www.comparex.de.

Literatur

BGB: BGB – Bürgerliches Gesetzbuch, ISBN-13: 978-3802919916; Ausgabe 2015, 18.02.2015

Capgemini: Grafik – Gründe für Technologieausgaben der Fachabteilung; http://mc.capgemini.de/magazin/it-trends/portfolio_page/technolgieausgaben-der-fachabteilungen-grunde/

Capgemini: Grafik – Konsequenzen der Technologieausgaben der Fachabteilung; http://mc.capgemini.de/magazin/it-trends/portfolio_page/konsequenzen-technologieausgaben/

Capgemini: IT-Trends 2015; http://mc.capgemini.de/magazin/it-trends/studie

Dörner, D.: Die Logik des Misslingens; ISBN-13: 978-3-499-61578-8; Rowohlt Taschenbuch Verlag

IBM: The next-generation data center; Whitepaper – May 2014

IDC: White Paper – Business Value of Managed Services; June 2013

IDG Business Media GmbH: Studie – Sourcing 2015; Juni 2015

IDG Business Media GmbH: CIO Jahrbuch 2016; 1. Auflage September 2015; ISBN-13: 978-3-942922-62-3

Königswieser, R./Hillebrand, M.: Einführung in die systemische Organisationsberatung; ISBN-13: 978-3-89670-667; Carl-Auer Verlag

McKinsey: The digital tipping point – Global Survey results; June 2014

PWC: IT-Sourcing-Studie 2012

Serview GmbH: ITIL – Alles was man wissen muss; ISBN-13: 978-3-9813151-6-5, 1. Auflage November 2011; Herausgeber – Serview GmbH

Techconsult: Kritische IT-Systeme im Mittelstand; Ergebnispräsentation April 2013

Vester, F.: Die Kunst vernetzt zu denken, ISBN-13: 978-3-423-33077-0; Deutscher Taschenbuch Verlag

© Springer Fachmedien Wiesbaden 2016

R. Walther, H. J. Hoppe, *Wie Managed-Service-Projekte gelingen*, essentials,

DOI 10.1007/978-3-658-12352-9